불타는 믿음

This book was first published in the United States by Moody Publishers,
820 N. LaSalle Blvd., Chicago, IL 60610 with the title

Fiery Faith

by A. W. Tozer

Copyright ⓒ 2012 by William L. Seaver
Translated by permission.
All rights reserved.

This Korean Translation Copyright ⓒ 2017 by Kyujang Publishing Company

이 한국어판의 저작권은 저작권자와 독점 계약한 규장 출판사에 있습니다.
신 저작권법에 의하여 한국 내에서 보호 받는 저작물이므로
무단 전재와 무단 복제를 금합니다.

A. W. 토저 마이티 시리즈(A. W. TOZER Mighty Series)

토저는 교인수의 성장을 위해서라면 대중의 인기에 야합하고, 거대 기업의 경영방식을 무차별 차용하고, 할리우드 엔터테인먼트 방식을 예배에 도입하는 것에 대해 통렬한 비판을 가하였다. 그는 현대의 교회가 물량적 성장을 위해서라면 교회의 순결성을 포기하는 듯한 자세를 보일 때는 그것을 좌시하지 않고 언제나 선지자의 음성을 발하였다. 듣든지 안 듣든지 이스라엘 교회의 세속화를 준열히 책망했던 예레미야처럼, 토저도 시대에 아부하지 않고 하나님교회의 순정성(純正性)을 파수하기 위해 '강력한'(Mighty) 말씀을 선포했다. 그래서 토저는 '이 시대의 선지자'라는 평판을 들었다. 토저가 신앙의 개혁을 위해 외쳤던 뜨겁고 강력한 메시지를 이 시대의 우리도 들어야 한다. 말씀과 성령에 의한 개혁이 절실히 필요한 이때, 규장에서 토저의 강력한(Mighty) 메시지들을 'A. W. 토저 마이티(Mighty) 시리즈'로 출간한다.

"토저의 설교는 설교단에서 발사되어 청중의 마음을 관통하는 레이저 광선과 같다." - 워런 위어스비

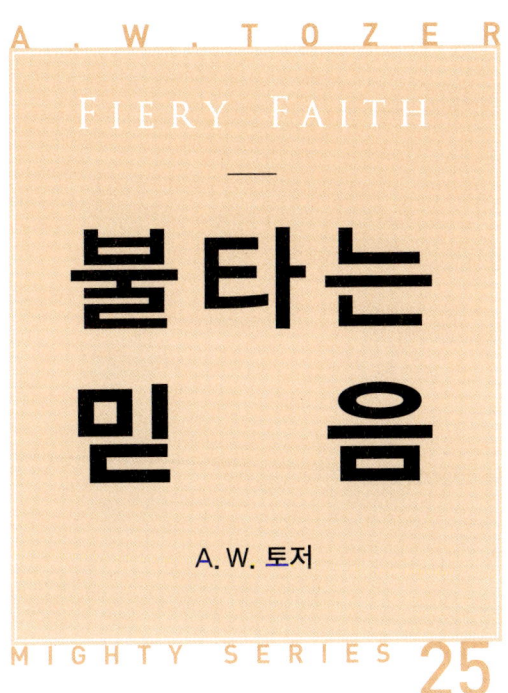

contents

영문판 편집자의 글

PART 1 믿음은 함께하는 것이다

- 01 하나님과 함께 사는 것, 어렵지 않다 16
- 02 하나님을 가까이 따르라 24
- 03 영원히 살아 계시는 하나님 39
- 04 힘써 하나님을 알자 58
- 05 기대 없는 믿음은 죽은 것이다 74

PART 2 믿음은 시작점이다

- 06 흔들림 없이 가야 할 신앙 여정 82
- 07 당혹감을 안겨주는 믿음 89
- 08 모조품 신앙에서 벗어나라 95
- 09 믿음의 음성에 귀를 기울이라 100
- 10 말씀을 들을 자격을 갖춰라 118
- 11 완전한 데로 나아가라 123

PART 3 믿음은 **실재다**

- 12 단순함과 고독을 다시 배우자 132
- 13 성경의 세계는 실재다 139
- 14 믿음에 경건한 의문을 던져라 144
- 15 존재와 행동은 선택사항이 아니다 150
- 16 기독교는 가진 자들의 종교인가 156
- 17 세상 : 놀이터인가 전쟁터인가 162

PART 4 믿음은 **행동이다**

- 18 믿음은 행동을 낳아야 한다 170
- 19 믿음은 감히 실패한다 176
- 20 삶으로 드리는 성례전 184
- 21 영적 가뭄, 감정적 사막에 서다 200
- 22 엘벧엘로 올라가자! 206
- 23 마음의 눈으로 주님을 바라보라 212

영문판 편집자의 글

하나님을 향한 믿음에 시동을 걸어라

믿음으로 사는 것은 결코 쉽지 않다. 믿음으로 가는 길에는 불확실성, 영적 가뭄, 고생, 알 수 없는 일, 하나님이 보이지 않는 상황, 산과 골짜기의 체험, 타이밍이 맞음과 맞지 않음, 행복감과 낙심 그리고 그 밖의 여러 가지가 널려 있다. 하지만 아무리 어려운 일이 닥쳐도 하나님은 언제나 그 길을 앞서 가시며, 우리가 그분만을 의지하기를 기다리신다.

"믿음이 없이는 하나님을 기쁘시게 하지 못하나니 하나님께 나아가는 자는 반드시 그가 계신 것과 또한 그가 자기를 찾는 자들에게 상 주시는 이심을 믿어야 할지니라"(히 11:6).

우리가 눈으로 하나님을 보고 그분을 아는 것은 불가능하다. 오직 믿음으로만 그분을 알 수 있다. 우리의 모든 행위와 생각에서 오직 믿음만이 그분을 기쁘게 해드릴 수 있다.

믿음생활을 어렵게 만드는 요인 중 하나는 겉으로 보이는 것이 전부가 아니라는 것이다. 성공은 믿음을 통해 주어질 수도 있지만 육신적 방법을 통해 찾아올 수도 있다. 반면 실패는 대개 믿음의 결과가 아니라 육신적 방법의 결과로 간주된다. 하지만 성경은 다르게 말한다. 예레미야는 성령의 능력을 힘입어 그의 세대에게 말씀을 전했다. 하지만 인간적인 관점에서 그는 완전한 실패자로 보였는데, 이스라엘 민족이 그의 말을 듣고도 회개를 거부했기 때문이다.

다윗은 "[하나님]의 마음에 맞는 사람"(삼상 13:14; 행 13:22 참조)이라고 불린다. 그는 하나님의 인도에 따라 여러 일들을 추진했다. 그중 하나는 약 1년에 걸쳐 진행된 랍바 공략 전쟁이었다. 결국 그 일이 성공해 암몬 사람들의 성 랍바가 다윗의 손에 들어오게 되었다(삼하 11:1; 12:26-31). 그러나 그는 그 해에 간음, 속임, 은폐, 밧세바의 남편 우리아 살해, 우리아의 전우들이 성벽에서 집단적으로 죽게 하는 죄를 범했다. 랍바 점령은 성공했지만 길가에 널린 시체들은 랍바 점령이 믿음으로 이룬 일이 아니라는 것을 분명히 말해준다. 사실, 그 해에 있었던 일들은 그가 죄를 고백했음에도 불구하고 그의 남은 생애 동안 그에게 영향을 끼쳤다.

겉모양과 실재(實在) 사이의 차이를 보여주는 또 다른 경우는 민수기 20장에 나온다. 이 기록에 의하면, 하나님께서 모세에게 "반석에게 '명령하여' 물을 내라 하라"(민 20:8)라고 말씀하셨지만 모세는 분노에 사로잡혀 지팡이로 반석을 쳤다. 물이 많이 솟아나와 회중과 짐승들이 마셨지만(민 20:11), 하나님은 모세의 불순종을 불쾌하게 여기셨다. 모세가 반석에서 물이 나오게 한 것이 백성의 눈에는 성공으로 보였겠지만 사실상 실패였다. 하나님의 방법, 즉 믿음으로 한 것이 아니었기 때문이다. 인간이 이룬 결과들을 하나님의 관점에서 보지 못하면 속기 쉽다.

토저가 말하는 믿음의 여정

내가 아는 저자들 중에서 믿음에 대해 가장 깊이 있고 시의적절하게 말한 사람은 단연 토저이다. 토저의 글과 설교를 정리해 책을 만든 몇몇 사람들과 달리 나는 토저를 개인적으로 알지 못했다. 하지만 적어도 40년 동안 토저의 모든 책들을 읽어 왔으며, 매년 다시 읽는 그의 책들도 많다.

몇 번이고 반복해서 읽을 가치가 없는 책은 사지 않는다는 것이 내 소신이다. 그리스도 안에서 믿음으로 성장하기 원하는 사람의 입장에서 볼 때, 여러 번 거듭 읽을 가치가 있는 기독교 서적은 많지 않다. 이런 소신과 입장을 가지고 나는 40여 년 동안 토저의 글을 깊이 묵상했고, 기도했으며, 성도들을 관찰했고, 토저의 말과 글을 성경에 비추어 보았다. 그리하여 결국 토저에 대해, 그리고 그가 성경에서 얻은 통찰들에 대해 아주 잘 알게 되었다.

내 글들에는 토저의 영향이 나타난다. 예를 들어보자. 토저의 책 《능력: 거듭난 자의 삶에 드러나는 것》(Born after Midnight)에는 '흔들림 없이 가야 할 신앙 여정'이라는 매우 감동적인 글이 실려 있다. 이 글에서 토저는 "그들이 사도의 가르침을 받아 서로 교제하고 떡을 떼며 오로지 기도하기를 힘쓰니라"(행 2:42)라는 말씀을 본문으로 삼아 다음과 같이 말한다.

초대교회 그리스도인들에게 있어서 회심은 도착지점이 아니라 여정의 시작이었다. 이 점을 분명히 강조하는 성경의 관점은 우리의 관점과 너무나 다르다. … 사도행전의 기록에 의하면, 신자들에게 있어서 믿음은 끝이 아니라 시작이었다. 신앙은 침대에 편히 누워 주님의 승리의 날을 기다리는 것이 아니라 힘든 여행길을 가는 것이었다.

그의 영향을 받아 나도 한 책에서 감히 믿음의 여정을 큰 주제 중 하나로 취급했다. 나의 책 《믿음의 모자이크: 예수님이 제자들에게 가르치신 11가지 교훈》(A Mosaic of Faith: 11 Lessons Jesus Taught His Disciples)은 믿음의 여정을 해석해주는데, 이 해석은 예수님이 사역의 마지막 2년 동안 보여주신 그분의 관점에 근거하고 있다.

토저는 또한 그의 책《습관적 신앙에서 벗어나라》(Rut, Rot or Revival)에 실린 '잘못된 생각들'이라는 글에서 탁월한 시각으로 교회의 본질을 다음과 같이 파헤쳤다.

교회는 여러 신자들이 모여서 이룬 하나의 몸이다. 그런데 그들이 그리스도 안에서 연합된 것은 사실이지만 각자에게는 자기의 책임이 있다. 그러므로, 교회 전체의 믿음이 좋아지려면 교회를 구성하고 있는 신자들 각자의 믿음이 좋아져야 한다.

이 말에 담긴 뜻은 분명하다. 교회나 기독교 단체의 믿음이 성장하려면 그 구성원들의 믿음이 성장해야 한다는 것이다. 우리의 믿음은 금보다 더 귀한 것이며(벧전 1:7), 하나님은 우리의 믿음을 시험하고 정련하신다. 이 땅에 있는 그분의 목자들은 그분과 함께 일하는 목자들로 양 떼를 먹이고 안식으로 인도하며, 약한 자를 강하게 하고, 병든 자를 고치며, 상처 입은 자를 싸매주고, 길 잃은 자를 데려오며, 잃어버린 자를 찾아야 한다(겔 34:2-4, 15-16). 물론, 겸손과 믿음과 사랑의 마음으로 그렇게 해야 한다. 강압적 힘이나 가혹함으로 양을 지배하는 것은 육신적인 방법이다.

믿음의 여정을 시작하라

오늘날 많은 성도들이 다음 세대 사람들이 주님과 그분의 행하심을 알지 못할까봐, 또 매사에 믿음으로 행하는 것이 정말 무엇인지를 알지 못할까봐 걱정한다. 바로 이런 우려 때문에 믿음에 대한 토저의 글을 모아 펴내게 되었다.

독자는 여러 방법으로 이 책을 활용해 하나님을 향한 믿음에 활력과 생기를 불어넣을 수 있다. 하나님께서 믿음에 대한 토저의 글들을 모아 만든 이 책의 내용과 각 장의 끝부분에 첨부된 '더 깊은 묵상을 위한 질문들'을 사용해 당신을 그분께 더욱 가까이 이끌고, 그분을 향한 당신의 믿음에 시동을 걸며, 그분의 말씀을 더욱 사모하게 하고, 다른 이들을 위한 당신의 봉사를 깨끗하게 하시길 나는 기도한다.

이 책의 여정은 '마음의 눈으로 주님을 바라보라'라는 제목이 붙은 마지막 장에서 끝나게 된다. 이 끝 장에서 토저는 "믿음은 마음으로 삼위일체 하나님을 계속 바라보는 것이다"라고 말한다. 마지막 장의 끝에 토저의 기도문과 나의 기도문을 실었는데, 이 두 기도가 당신의 기도가 되길 바란다.

성령의 능력 안에서 기도하고 읽고 묵상하고 연구하고 다시 기도하면, 가슴 설레는 믿음의 여정이 무엇인지를 깨닫기 시작할 것이다. 하나님은 바로 이 믿음의 여정을 위해 당신을 속량하셨다!

W. L. 시버

Fiery Faith

1
믿음은
함께하는 것이다

chapter 1

하나님과 함께 사는 것,
어렵지 않다

인류를 향한 사탄의 최초 공격은 하나님의 인자하심에 대한 하와의 신뢰를 무너뜨리려는 교활한 시도였다. 불행하게도 사탄은 하와에게, 그리고 우리 모두에게 완벽하게 성공했다. 그 날 이후 인간은 하나님에 대해 잘못된 개념을 갖고 살아왔다. 이 잘못된 개념은 인간의 의(義)의 근거를 완전히 파괴했고, 인간을 무분별한 파괴적 삶으로 몰아넣었다.

인간의 마음을 가장 왜곡하고 추악하게 만드는 것은 하나님에 대한 저급하고 비열한 개념이다. 어떤 종파들, 예를 들면 바리새파 같은 종파는 하나님이 엄하고 가혹한 분이시라고 믿으면서 나름대로 꽤 높은 수준의 '외형적 도덕'을 유지했다. 하지만 그들의 의는 단지 외형적인 것이었을 뿐, 그들의 내면은 주님의 지적처럼 '회칠한 무덤'(마 23:27)이었다.

하나님에 대한 그들의 잘못된 개념은 예배에 대한 잘못된 개념을 낳았다. 바리새인들이 볼 때 하나님을 예배하는 것은 속박이었다. 그 속박이 싫으면서도 예배를 거부하면 너무 큰 손실이 예상되기 때문에 거부할 수 없었다. 그들에게 하나님은 '함께 살기에는 너무 힘든 하나님'이었기에 그들의 신앙은 음울하고 힘들고 사랑 없는 것이 되고 말았다. 이것은 당연한 결과였다. 하나님에 대한 개념이 종교의 본질을 좌우하기 때문이다.

왜 그리스도인이 행복하지 못한가?

그리스도께서 승천하신 이후 기독교는 많은 부분에서 음울하고 가혹한 종교가 되고 말았다. 그 이유 역시 동일하다. 하나님에 대한 저급한 개념, 즉 부적절한 개념이 원인이었다. 그분을 닮은 존재가 되려는 것은 우리의 본능이기에, 그분을 엄하고 가혹한 분이라고 믿는 사람은 역시 엄하고 가혹한 사람이 되기 마련이다.

오늘날 선한 그리스도인들이 행복하지 못한 것도 하나님을 정확히 이해하는 데 실패했기 때문이다. 많은 것을 요구하면서도 전혀 용서를 모르는 가혹한 아버지 밑에서 쉼 없이 십자가를 져야 하는 음울한 생활이 그리스도인의 삶이라는 생각이 널리 퍼져 있다. 사람들이 볼 때 하나님은 엄격하고 신경질적이며 변덕스럽고 지극히 까다로운 분이실 뿐이다. 그분의 명예를 훼손하는 이런 터무니없는 개념에 사로잡힌 사람의 삶은 그리스도 안에 있는 참된 삶을 희화화(戱畵化)한 삶에 불과하다.

하나님을 바로 알자

하나님에 대해 늘 올바른 개념을 갖는 것은 영적 행복을 위해 지극히 중요하다. 그분이 차갑고 까다로운 분이시라고 생각하면 그분을 사랑하는 것이 불가능해지고, 삶은 굴욕적인 두려움에 지배당할 것이다. 하지만 그분이 친절하고 이해심 많은 분이시라고 믿는다면 우리의 내적 삶도 그런 믿음에 따라 만들어질 것이다.

사실을 말하자면, 하나님은 모든 존재 중에서 가장 우리의 마음을 끄는 분이시며, 그분을 섬기는 것은 말로 다 표현할 수 없는 기쁨 중 하나이다. 그분에게는 사랑이 가득하다. 그분을 믿고 의지하는 사람들은 그분의 사랑 외에 다른 것을 알 필요가 없다. 그분은 공의의 하나님이시기 때문에 죄를 너그럽게 봐주시지는 않지만, 영원한 언약의 피로 인해 우리를 죄를 전혀 범하지 않은 자처럼 대해주실 수 있다. 믿음이 있는 사람에게는 언제나 그분의 자비가 공의를 누르고 승리한다.

그분과 나누는 교제는 말로 다 표현할 수 없는 기쁨이다.

그분은 속량 받아 그분의 소유가 된 자들과 교제하시는데, 무엇에게도 방해 받지 않는 편안한 이 교제는 우리에게 안식과 치유를 준다. 그분은 신경이 예민하거나 성마르거나 이기적인 분이 아니시다. 우리는 내일도 오늘과 동일한 그분을 보게 될 것이며, 모레도 그럴 것이고, 내년에도 그럴 것이다.

우리가 그분을 완전히 만족시켜 드리는 것은 어려울지 몰라도, 그분에게 기쁨을 드리는 것은 어렵지 않다. 그분이 우리에게 기대하시는 것은 그분이 먼저 우리에게 주신 것의 한계를 넘지 않는다. 그분은 그분을 기쁘게 해드리려는 작은 노력에 즉시 주목하신다. 반면, 그분의 일을 하겠다는 동기에서 시작된 우리의 노력에서 발견되는 불완전한 점은 즉시 너그럽게 봐주신다. 우리를 향한 그분의 사랑은 우리를 위한 것이다. 그분은 새로 창조된 은하계들보다 우리의 사랑을 더 귀하게 여기신다.

그런데 불행하게도 많은 그리스도인들이 그분에 대한 왜곡된 개념에서 벗어나지 못하고 있다. 이런 개념 때문에 그들의 마음에 독소가 생기고, 그들의 내면적 자유가 파괴된다. 그들은 탕자의 비유에 나오는 큰아들처럼 우울한 마음으로 하나님을 섬긴다. 옳은 일을 하지만 열의와 기쁨이 없다. 탕자가 집에 돌아왔을 때 일어난 활기찬 기쁨의 축제를 전혀 이해하지 못하는 것 같다.

그들은 하나님이 그분의 사람들을 기뻐하신다는 것을 이해하지 못한다. 하나님에 대한 잘못된 개념 때문이다. 그들은 그분을 향해 노래하고 소리치는 것을 무조건 광신으로 여긴다. 행복하지 못한 그들은 침울한 표정으로 무거운 발걸음을 옮기며 살아갈 수밖에 없다. 심판 날에 멸망의 선고를 받지 않기 위해 하늘이 무너져도 선을 행하겠다며 이를 악물고 살아가기 때문이다.

하나님의 사랑을 믿으라

그러나 하나님과 함께 사는 것이 그렇게 힘든 것이 아니라는 것을 알게 되면 지극히 행복한 삶이 시작될 것이다. 그분은 우리의 체질을 아시며 우리가 단지 먼지일 뿐임을 기억하신다(시 103:14). 물론 그분이 때로 징계하시는 것은 사실이지만, 징계의 때에도 그분의 입가에서는 미소가 떠나지 않는다. 그 미소는 아버지를 더 닮기 위해 날마다 그분께 나아오는 아들을 자랑스럽게 여기는 부드러운 미소이다. 비록 불완전하지만, 그래도 장래성이 있는 아들을 볼 때 그분의 마음은 기쁨으로 가득해진다.

우리 중 어떤 이들은 신앙생활을 하면서 항상 마음이 조마조마하고 늘 눈치를 본다. 하나님이 우리의 모든 생각과 모든 길을 알고 계시다는 걸 알기 때문이다(시 139:2,3). 그러나 그럴 필요가 없다. 그분의 인내심은 무한하고 그분에게는 선의가 넘친다. 그분께 큰 기쁨을 드릴 수 있는 방법은 우리 자신을 선하게 만들기 위해 필사적으로 노력하는 것이 아니라, 그분이 모든 것을 이해해주시며 여전히 우리를 사랑하신다는 믿음을 갖고, 우리의 모든 결점을 지닌 채로 그분의 품에 안기는 것이다.

더 깊은 묵상을 위한 질문들

1 하나님에 대한 왜곡된 개념의 원인은 부모, 성장과정, 환경, 친구들, 인생의 시련, 종교적 체험이나 교만, 그 밖의 어떤 것이라도 될 수 있다. 토저의 지적에 의하면, 하나님에 대한 그릇된 개념은 예배를 무너뜨리고 신앙의 본질을 훼손할 수 있다. 그분에 대한 정확한 개념은 언제나 그분의 말씀, 즉 성경에서 나온다. 혹 하나님에 대한 저급한 개념을 갖게 되었다면, 그것이 무엇 때문이었는지 깊이 생각해보라. 또한 그것을 떨쳐버리고 그분과 그분의 품성에 대해 올바른 견해를 갖도록 도움을 준 성경구절이 있다면 무엇인가?

2 하나님에 대해 사람들이 일반적으로 가지고 있는 그릇된 개념 중 하나는 '한 달란트 받은 종'이 갖고 있던 개념이다(마 25:14-30). 그러나 성경은 그분이 엄하거나 무자비하거나 가혹한 분이 아니시라고 분명히 밝힌다. 오히려 "하나님은 모든 존재 중에서 가장 우리의 마음을 끄는 분이시며, 그분을 섬기는 것은 말로 다 표현할 수 없는 기쁨 중 하나이다". 그럼에도 신자들을 포함해서 그토록 많은 사람들이 그분을 엄하고 가혹한 분이라고 생각하는 이유는 무엇인가? 이런 잘못된 '하나님 상(像)'은 영적 성장을 어떻게 방해하는가? 이런 이상한 '하나님 상'의 흔적들을 당신의 마음에서 제거해야 할 필요는 없는지 생각해보라.

3 "우리가 그분을 완전히 만족시켜 드리는 것은 어려울지 몰라도, 그분에게 기쁨을 드리는 것은 어렵지 않다. 그분이 우리에게 기대하시는 것은 그분이 먼저 우리에게 주신 것의 한계를 넘지 않는다. 그분은 그분을 기쁘게 해드리려는 작은 노력에 즉시 주목하신다. 반면, 그분의 일을 하겠다는 동기에서 시작된 우리의 노력에서 발견되는 불완전한 점은 즉시 너그럽게 봐주신다. 우리를 향한 그분의 사랑은 우리를 위한 것이다." 지난 몇 주 동안 당신은 이런 하나님을 체험했는가? 만일 그렇다면, 그분에게 합당한 찬양을 올려드리라. 그렇지 않다면, 그분에 대한 당신의 저급한 개념을 고백하고 올바른 개념을 갖게 해달라고 기도하라.

4 우리의 내면생활은 우리의 하나님 개념을 반영한다. 그러므로 우리의 내면생활이 무엇을 드러내고 있는지를 다른 이들에게서 들을 필요가 있다. 시간을 내어 아주 가까운 신앙 친구나 멘토의 조언을 들어보라.

5 토저는 "그분께 큰 기쁨을 드릴 수 있는 방법은 우리 자신을 선하게 만들기 위해 필사적으로 노력하는 것이 아니라, 그분이 모든 것을 이해해주시며 여전히 우리를 사랑하신다는 믿음을 갖고, 우리의 모든 결점을 지닌 채 그분의 품에 안기는 것이다"라고 말한다. 하나님에 대한 이런 개념이 그리스도인의 삶에 주는 자유에 대해 깊이 생각해보자. 하나님께서 "그가 사랑하시는 자 안에서"(엡 1:6) 당신을 받아들이셨다는 것에 대해 감사하며 찬양하는 시간을 가져라.

chapter 2

하나님을
가까이 따르라

나의 영혼이 주를 가까이 따르니 주의 오른손이 나를 붙드시거니와 시 63:8

기독교 신학은 '선행적(先行的) 은혜'라는 것을 가르친다. 간단히 말하자면, 인간이 하나님을 찾기 전에 그분이 먼저 인간을 찾으셔야 한다는 것이다. 죄에 물든 인간이 하나님에 대해 올바른 생각을 하려면 그 전에 먼저 그 사람에게 빛이 비추는 일이 일어나야 한다. 이 조명(照明) 하나로 모든 것이 다 해결되는 것은 아니겠지만, 그래도 이 조명은 참된 것이다. 이 조명 후에 인간의 마음이 움직여 하나님을 찾으며 기도하게 된다면 그것은 이 조명의 은밀한 결과이다.

우리가 그분을 찾는 것은 그런 충동을 그분이 먼저 우리 안에 불어넣으셨기 때문이다. 그분이 먼저 그렇게 하지 않으신 다면 우리는 절대 그분을 찾지 않는다. 우리 주님은 "나를 보내신 아버지께서 이끌지 아니하시면 아무도 내게 올 수 없으니"(요 6:44)라고 말씀하셨다. 바로 이 '선행적 이끄심'이 있기에 하나님은 우리가 그분께 나아가는 것을 절대 우리의 공로로 간주하지 않으신다.

그분을 찾겠다는 충동은 그분에게서 시작된다. 하지만 그 충동을 따라 목적지에 도달하려면 그분을 가까이 따라야 한다. 그분을 찾아가는 내내 우리는 이미 그분의 손 안에 있다. 그렇게 때문에 시편 기자는 "주의 오른손이 나를 붙드시거니와"(시 63:8)라고 말한다. 하나님이 붙드시는 것과 인간이 그분을 따르는 것 사이에는 아무런 모순이 없다. 모든 것이 그분에게서 나오며, 폰 휘겔(von Hügel)의 말처럼 그분이 언제나 앞서 가시기 때문이다.

그러나 실제적으로는, 즉 하나님의 선행적 행하심이 인간의 현재적 반응과 만나는 곳에서는 인간이 그분을 찾아야 한다. 그분의 은밀한 이끄심이 우리의 하나님 체험을 통해 확인되기 위해서는 우리가 그분의 이끄심에 적극적으로 반응해야 한다. 그분의 이끄심과 우리의 반응이 가슴 푸근한 감정적 언어로 표현된 것이 시편 42편 1,2절이다.

"하나님이여 사슴이 시냇물을 찾기에 갈급함같이 내 영혼이 주를 찾기에 갈급하니이다 내 영혼이 하나님 곧 살아 계시는 하나님을 갈망하나니 내가 어느 때에 나아가서 하나님의 얼굴을 뵈올까"(시 42:1, 2).

또한 이것은 "주의 폭포 소리에 깊은 바다가 서로 부르며"(시 42:7)라는 말로 표현되었는데, 그분을 갈망하는 사람은 이 말의 의미를 이해할 것이다.

인격이신 하나님과 소통하라

'믿음으로 의롭다 함을 얻는다'라는 성경의 진리는 열매 맺지 못하는 율법주의와 우리를 무익한 인간적 노력에서 건져주는 복된 소식이다. 그런데 이 교리가 악한 무리의 손으로 넘어갔다.

오늘날 많은 이들이 갖고 있는 이신칭의의 개념은 사람들이 하나님을 알지 못하도록 가로막고 있다. '회심'이라는 것도 기계적으로 뚝딱 처리되기 때문에 아무런 힘을 발휘하지 못한다. 지금 사람들은 윤리 문제에서 어떤 갈등도 느끼지 않으면서 믿음을 행사한다. 아담의 죄성을 물려받은 자아를 전혀 불편하게 하지 않는 선에서 믿음생활을 하는 것이다. 그리스도를 향한 뜨거운 사랑이 그분을 영접했다는 사람들에게서 발견되지 않는다. 구원받았다는 사람들에게 하나님을 향한 목마름과 굶주림이 없다. 심지어는 "너무 잘 믿을 것 없고 작은 믿음에 만족해도 됩니다"라고 가르치는 이상한 사람들도 있다.

현대의 과학자는 하나님이 만드신 세상의 기이한 것들 속에서 헤매느라고 오히려 그분을 잃어버렸다. 그리스도인들은 그분의 기이한 말씀의 홍수 속에서 오히려 그분을 잃어버릴 위험에 처해 있다. 그분이 인격적 존재이시기에 그분과 우리 사이에 인격적 만남의 관계를 가꾸어 나갈 수 있다는 개념은 오늘날 찾아보기 힘들다. 인격적 존재는 본래 다른 인격적 존재를 알 수 있는 능력을 가지고 있지만, 서로 간에 충분히 알려면 단 한 번의 만남으로는 부족하다. 서로를 충분히 알려면 오랜 세월 사랑의 만남을 지속해야 한다.

인간의 모든 사회적 관계는 하나의 인격체가 다른 인격체에게 반응할 때 생겨난다. 사람과 사람 사이의 아주 사소한 다툼의 경우에도 그렇고, 인간의 마음이 도달할 수 있는 지극히 깊고 충만한 교제의 경우에도 그렇다. 종교의 본질은 창조된 인격체가 창조주, 즉 하나님께 반응하는 것이다(물론, 이것은 참된 종교에 해당되는 말이다).

"영생은 곧 유일하신 참 하나님과 그가 보내신 자 예수 그리스도를 아는 것이니이다"(요 17:3).

하나님은 인격체이시다. 그분의 본성 깊은 곳에서 그분은 다른 인격체들처럼 생각하고 의지를 가지시며, 즐거워하고, 느끼고, 사랑하시며, 무엇인가를 바라고, 고통당하신다. 그분은 자신을 우리에게 알리실 때 그런 인격체의 특징을 여실히 보여주신다. 그분은 우리의 지성과 감정과 의지를 통로로 사용해 우리와 소통하신다. 속량 받은 인간의 마음과 하나님 사이에 사랑과 생각의 소통이 당혹감 없이 늘 지속되는 것이야말로 신약성경이 가르치는 신앙의 가슴 설레는 요체(要諦)이다.

인간의 영혼과 하나님 사이의 이런 소통은 우리가 의식할 수 있는 것이다. 이것은 비신체적(非身體的)인 것이므로 신체를 통해 신자에게 찾아오지는 않지만, 그래도 알 수 있다. 그리고 이것은 소통하는 그 사람의 신체에 영향을 주기도 한다. 이것은 의식적(意識的)인 것이다. 그러므로 의식 아래에 머물면서 본인도 모르게 일어나는 것이 아니다(어떤 이들은 유아세례가 이렇게 의식 아래에서 일어난다고 믿는다). 이것은 의식의 영역에서 일어나는 것이기에 다른 일반적 경험처럼 당사자가 알 수 있다.

거룩한 역설의 사람들

죄를 제외하고 생각한다면, 당신과 나는 하나님의 축소판이다. 그분의 형상으로 지음 받은 우리 안에는 그분을 알 수 있는 능력이 잠재되어 있다. 하지만 죄가 그 능력의 실현을 가로막고 있는 것이다. 그런데 성령께서 중생을 통해 우리를 영적으로 다시 살리시면 우리의 온 존재는 그분과의 유사성을 느끼고 깨달으며 기쁨으로 충만해진다. 이것이 하늘에서 내린 출생이며,

이 출생이 없으면 누구도 하나님의 나라를 볼 수 없다.

이 출생은 끝이 아니라 시작이다. 이 출생과 더불어 영광스런 탐험이 시작되기 때문이다. 이 탐험은 하나님의 무한한 부요의 세계 안으로 즐겁게 나아가는 것이다. 이 출생에서 시작된 탐험이 어디에서 끝나는지 알아낸 사람은 아직 아무도 없다. 삼위일체 하나님의 깊고 경외로운 신비는 한도 끝도 없기 때문이다.

오, 끝없는 대양이시여!
누가 당신을 다 측량할 수 있겠습니까?
위엄의 하나님이시여!
당신의 영원함이 당신을 두르고 있습니다.

'하나님을 찾았지만 또 계속 찾는다'는 것은 신앙인의 사랑의 역설(逆說)이다. 신앙심이 돈독한 체하면서 현재 상태에 쉽게 안주하는 사람들은 이런 역설을 비웃을 것이다. 하지만 믿음으로 불타는 그분의 자녀들은 복된 경험을 통해 이 역설을 충분히 이해한다. 성 버나드(St. Bernard, 1090~1115. 클레르보의 대수도원장)는 모든 예배자가 곧바로 이해할 수 있는 4행시(quatrain)를 통해 이 거룩한 역설을 이렇게 노래했다.

우리는 주님을 맛보았습니다. 오, 생명의 떡이시여!
그럼에도 여전히 원없이 먹고 싶습니다.
우리는 주님을 마셨습니다. 생명의 샘이시여!
그럼에도 우리 영혼을 당신으로 더욱 채우기를 갈망합니다.

옛적 거룩한 사람들에 대해 자세히 알아보라. 그러면 즉시 하나님을 찾았던 그들의 뜨거운 열정을 느낄 수 있을 것이다. 그들은 그분 때문에 슬퍼하고, 밤낮으로 기도하며, 그분과 씨름하면서 그분을 찾았다. 때를 얻든지 못 얻든지 그렇게 했다. 결국 그분을 찾았을 때의 기쁨은 영적 씨름의 오랜 시간에 비례해서 더욱 더 컸다.

모세는 그가 하나님을 안다는 사실을 근거로 내세워 그분을 더욱 잘 알게 해달라고 기도했다. 그는 "내가 참으로 주의 목전에 은총을 입었사오면 원하건대 주의 길을 내게 보이사 내게 주를 알리시고 나로 주의 목전에 은총을 입게 하시며 이 족속을 주의 백성으로 여기소서"(출 33:13)라고 기도했고, 한 걸음 더 나아가 "주의 영광을 내게 보이소서"(출 33:18)라고 담대히 구했다. 하나님은 그의 뜨거운 열정을 기뻐하신다는 것을 숨기지 않으셨고, 그 다음 날 그를 산으로 부르셨다. 그리고 엄숙한 분위기 속에서 그분의 모든 영광이 그의 앞으로 지나가게 하셨다.

다윗의 생애는 영적 갈망으로 가득 차 있었다. 그의 시편들에서 들을 수 있는 소리는 하나님을 찾는 자의 부르짖음이요, 그분을 찾은 자의 기쁨의 환호이다.

바울은 그의 삶을 이끌어나가는 가장 큰 동력이 그리스도를 따라가기 원하는 불타는 열정이라고 고백했다. 그리스도를 알겠다는 큰 소원(빌 3:10)을 이루기 위해 다른 모든 것을 희생했다. 그리고 "또한 모든 것을 해로 여김은 내 주 그리스도 예수를 아는 지식이 가장 고상하기 때문이라 내가 그를 위하여 모든 것을 잃어버리고 배설물로 여김은 그리스도를 얻고 그 안에서 발견되려 함이니 내가 가진 의는 율법에서 난 것이 아니요 오직 그리스도를 믿음으로 말미암은 것이니"(빌 3:8,9)라고 선언했다.

거룩한 갈망을 잃어버린 세대

하나님을 향한 갈망의 향기가 물씬 풍기는 찬송가들을 부르는 사람은 그들이 이미 찾은 분을 또 찾는 역설의 주인공들이다. 불과 한 세대 전만 해도 우리 믿음의 조상들은 "그분의 발자국이 눈에 보이니, 따르리라"라고 노래했다. 하지만 오늘날에는 큰 교회에서도 이런 찬송을 들을 수가 없다. 이 어두운 시대의 선생들이 '하나님 찾기'를 끝내버린 것은 참으로 비극이 아닐 수 없다. 이 선생들은 "그리스도를 영접하면 모든 것이 끝

납니다"라고 가르친다.

'우리 영혼에 하나님이 계속적으로 나타나시기를 사모해야 한다'는 생각을 오늘날 더 이상 찾아볼 수 없게 된 것은 정말 슬픈 일이다. 우리는 일단 하나님을 찾았다면 더 이상 찾을 필요가 없다는 교묘한 거짓의 덫에 걸려 있다. 그런데 이 거짓 논리는 정통주의가 우리에게 가르쳐준 마지막 말이다. 사람들은 성경을 배운 그리스도인이라면 언제나 이 논리를 붙들었다고 생각한다. 그래서 예배와 찬양과 하나님 찾기에 몰두하는 신앙인들이 아무리 간증을 해도 콧방귀도 안 뀐다. 믿음의 향기를 발하는 무수한 성도의 체험에서 나오는 '마음의 신학'은 배척되고, 대신 '자기만족에 빠진 성경해석'이 환영받는다. 어거스틴이나 루더포드(Rutherford, 1600~1661. 스코틀랜드의 장로교 신학자)나 브레이너드(Brainerd, 1718~1747. 북아메리카 인디언을 상대로 선구적인 선교활동을 한 사람) 같은 사람이 이런 성경해석을 들었다면 아주 이상하게 여겼을 것이다.

하지만 이렇게 영적 찬바람이 쌩쌩 부는 이 시대에도 얄팍한 구원의 논리에 만족하지 않는 사람들이 있는 것을 볼 때 나는 기뻐하지 않을 수 없다. 그들은 논리의 힘은 인정하지만 거기에 머물지 않고 한적한 곳을 찾아 밖으로 나가 눈물을 흘리며 "오, 하나님! 당신의 영광을 보여주소서!"라고 기도한다. 그들은 '하나님'이라는 불가사의한 존재를 맛보고, 마음으로 만지고, 영혼의 눈으로 보기 원한다.

  나는 하나님을 향한 이런 위대한 갈망이 일어나는 환경을 만들어주고 싶다. 이런 갈망이 없기 때문에 지금 우리가 영적으로 초라한 상태에 있는 것이다. 우리의 신앙생활이 이토록 형편없이 축 처지게 된 것은 거룩한 갈망이 없기 때문이다. 자만은 모든 영적 성장의 원수이다. 불타오르는 갈망이 없으면 그리스도께서 그분의 사람들에게 나타나시지 않는다. 그분은 그분을 간절히 원하는 자들을 찾으신다. 그러나 그분이 우리 중 많은 이들을 오랫동안, 너무나 오랫동안 헛되이 기다리고 계신 이 상황들은 정말 비극이다.

  각 시대마다 나름대로의 특징이 있는데, 이 시대의 특징은 우리가 '복잡해진 신앙'의 덫에 걸려 있다는 것이다. 그리스도 안에 있는 '단순한 신앙'을 발견하기가 어렵다. 대신 각종 프로그램, 방법론, 단체들 그리고 부산스런 활동들이 그 자리를 차지하고 있다. 하지만 이런 것들은 사람들의 시간과 관심을 빼앗을 뿐 마음속 깊은 소원을 풀어주지는 못한다. 목적 달성을 위해 세상의 방법을 따라가는 굴욕적 모방, 얄팍한 내적 체험, 그리고 공허한 예배는 우리의 영적 현주소를 말해준다. 현재 우리는 하나님을 불완전하게 알 뿐 그분의 평안은 거의 맛보지 못한다.

오직 하나님께 집중하라

온갖 외형적인 것들에 둘러싸인 우리가 하나님을 만나려면 먼저 그분을 찾겠다고 굳게 결심해야 하고, 그 다음에는 단순한 방법으로 노력해야 한다. 언제나 그렇듯이 지금도 하나님은 어린아이들에게 자신을 나타내시고, 지혜롭고 슬기 있는 자들에게는 깊은 어둠 속에 숨기신다. 그분께 나아가는 방법을 단순화시키자. 잡다한 것들을 버리고 핵심적인 것들을 추려내자. 감사하게도, 핵심적인 것들은 몇 개 안 된다. 남들에게 보이려는 짓을 그만두자. 어린아이처럼 순진하고 솔직해지자. 그러면 하나님이 즉시 만나주실 것이다.

신앙이라는 것이 복잡하고 거창한 것 같지만, 사실 하나님 한 분이면 다 해결된다. 하나님에 자꾸 다른 것을 보태려는 나쁜 습관 때문에 그분을 온전히 만나는 것이 오히려 불가능해진다. 이런 사고방식 때문에 비극이 시작된다. 이것을 떼어버리면 즉시 그분이 보인다. 그분을 발견한다면, 평생 마음속 가장 깊은 곳에서 추구해온 것을 얻게 되는 것이다.

'오직 하나님만 추구하면 생활의 폭이 좁아지거나 정신적으로 편협해지는 것이 아닌가' 하는 염려는 집어치워라. 오히려 그 반대가 될 것이니 걱정하지 말라. 그분을 우리의 모든 것으로 삼고, 그분께 집중하며, 그분 한 분을 위해 다른 많은 것을 희생해도 전혀 문제가 없다. 그러니 안심하라.

예스런 멋을 풍기는 옛 잉글랜드의 고전적 작품 《미지(未知)의 구름》(The Cloud of Unknowing)의 저자는 하나님을 어떻게 찾아야 할 지 우리에게 가르쳐준다.

사랑의 감정을 조용히 자극하면서 하나님을 향해 당신의 마음을 들어 올려라. 그렇게 할 때에는 '그분이 주실 것'에서 신경을 끊고, 오직 그분께 집중하라. 물론, 그분이 아닌 그 밖의 어떤 생각도 거부하라. 그렇게 할 때 당신의 지혜나 의지가 아니라 그분이 이루신다. 이런 영혼의 노력은 그분이 기뻐하시는 것이다.

또한 이 책의 저자는 기도할 때 잡다한 것들을 떨쳐버리라고, 심지어 신학에도 집착하지 말라고 조언하면서 "하나님 외에 다른 것을 쳐다볼 필요 없이 오직 그분만을 똑바로 바라보면 충분하다"라고 말한다. 이 사람의 모든 사고의 밑바닥에는 신약성경의 진리가 폭넓게 자리 잡고 있는데, 이것은 그가 하나님을 가리켜 "우리를 만드시고, 속량하시며, 우리의 처지에 맞춰 은혜 가운데 우리를 부르신 분"이라고 부르는 데서 잘 드러난다. 그리고 그는 간략한 표현으로 진리의 핵심을 찔러 우리에게 이렇게 말한다.

신앙을 한 단어에 담아서 간단히 표현하기 원한다면(그렇게 하려면 신앙에 대해 정확히 꿰뚫고 있어야 한다), 한 음절의 짧은 단어를 선택해야 할 것이다. 두 음절보다는 한 음절이 더 좋다(이는 영어를 기준으로 말하는 것이다-역자 주). 그 단어가 짧을수록 성령의 일하심에 더욱 잘 부합한다. 그런 단어를 찾자면 바로 이 단어이다. '하나님'(GOD) 또는 '사랑'(LOVE)이 그것이다!

여호와께서 이스라엘 지파들에게 가나안 땅을 분배하실 때 레위 지파에게는 땅을 주지 않으셨다. 대신 아론에게 "내가 … 네 분깃이요 네 기업이니라"(민 18:20)라고 말씀하셨다. 이 말씀으로 인해 아론은 그의 모든 형제들보다 더 부요하게, 아니 세상에 살았던 모든 왕과 라자(raja: 인도에서 왕이나 왕자를 가리키는 말-역자 주)보다 더 부요하게 되었다. 여기에는 하나의 영적 원리가 작용하는데, 이 원리는 지극히 높으신 하나님의 모든 제사장에게 여전히 유효하다.

하나님을 자기의 보화로 삼은 사람은 그분 안에서 모든 것을 얻는다. 세상의 일반적 보화들이 그에게 허락되든 허락되지 않든 간에 그것들에 대한 그의 집착이 아주 약해지기 때문에 그것들 없이도 얼마든지 행복할 수 있다. 게다가 그것들이 하나씩 사라진다 해도 상실감을 거의 느끼지 않게 된다. 만유의 근원이신 분이 함께하시는 그에게는 그분이 모든 기쁨이요 만족이요 즐거움이 되기 때문이다. 무엇을 잃어버렸다 해도 아무것도 잃어버린 것이 아니다. 모든 것이 하나님 한 분 안에 다 있기 때문이다. 하나님 안에서 그가 소유한 것은 순수하고 정당하고 영원하다.

오, 하나님! 당신의 선하심을 맛봄으로 만족을 얻었지만 그럼에도 당신의 선하심에 더욱 목마르게 되었습니다. 제게 은혜가 더욱 필요하다는 걸 뼈아프게 느낍니다. 은혜를 사모하는 마음이 부족한 것이 부끄럽습니다. 오, 하나님, 삼위일체 하나님! 당신을 원하는 마음을 갖기 원합니다. 당신을 향한 갈망으로 충만해지기를 갈망합니다. 당신을 향해 더욱 목마르기를 목마르게 바랍니다. 당신의 영광을 보이셔서 당신을 확실히 알게 해주시길 기도합니다. 자비를 베푸셔서 사랑의 일을 제 안에서 시작하소서. 제 영혼에게 "내 사랑아, 내 아름다운 자여, 일어나 함께 떠나자"라고 말씀해주소서. 그리고 일어나 당신을 따르도록 은혜를 주소서. 그렇게 해주신다면 그토록 오랜 세월 방황해온 이 안개 낀 낮은 곳을 떠나 당신을 끝까지 따를 것입니다. 예수님의 이름으로 기도합니다. 아멘.

더 깊은 묵상을 위한 질문들

1. "하나의 인격체가 다른 인격체를 충분히 알려면 단 한 번의 만남으로는 부족하다." 날마다의 삶 속에서 당신은 하나님을 얼마나 자주 만나는가? 그분과의 만남이 생동감 넘치는가 아니면 흐릿한 상태로 만나는가? 그분과의 만남을 더 자주, 더 생동감 있게 하려면 당신의 무엇을 바꿔야 하는가?

2. "하나님을 찾겠다는 충동은 그분이 먼저 우리에게 주시는 것이다." 이런 충동에 당신은 반응하지 않거나 가끔씩 혹은 불규칙적으로 반응할 뿐이었는가 아니면 그분을 더 잘 알겠다는 갈망이 늘어나며 그런 충동도 꾸준히 늘어났는가? 당신은 '하나님을 찾으라'는 격려의 말을 다른 이들에게서 계속 들어야 하는 입장인가 아니면 이미 하나님이 그분을 향한 갈망을 당신의 마음에 심어놓으셨는가? 시간을 내어 자신을 정직하게 평가해보라.

3. 라디오와 TV 프로그램, 책과 선생들이 우리에게 도움을 주는 것은 사실이다. 하지만 기독교 라디오와 TV 프로그램, 기독교 서적 그리고 기독교 선생들이 당신의 '하나님 찾기'를 얼마나 대신 해주었는가? 우리는 개인기도와 하나님의 말씀 듣기가 그분과의 관계에서 얼마나 중요한 지를 깊이 생각해보아야 한다.

4. 일상생활의 복잡함을 10등급으로 나눈 다음, 당신의 경우가 몇 등급에 속하는지를 보라. 그리고 과거의 영적 생활에 대한 당신의 평가와 이를 비교해보라. 바쁘게 돌아가는 복잡한 생활이 '그리스도를 향하는 진실함과 깨끗함'(고후 11:3)에 얼마나 방해가 되는가? 이런 생활의 사슬을 끊는 방법은 무엇인가?

5. 하나님은 지혜롭고 슬기 있는 자들에게는 자신을 숨기시고 어린아이들에게는 나타내신다(마 11:25). 신자가 어린아이처럼 되기 위해서는 어떻게 해야 하는가? 신자의 믿음이 꽃을 피우려면 재물, 위신, 명예 같은 것에 대해 어떤 태도를 취해야 하는가?

chapter 3

영원히 살아 계시는
하나님

내가 모세와 함께 있었던 것같이 너와 함께 있을 것임이니라 수 1:5

하나님께서 우주 안에서 무조건적 우선권을 갖고 계시다는 진리는 구약과 신약에서 모두 선포하는 바다. 하박국 선지자는 이 진리를 이렇게 찬란한 언어로 표현했다.

"여호와 나의 하나님, 나의 거룩한 이시여 주께서는 만세 전부터 계시지 아니하시니이까"(합 1:12).

그리고 이 진리는 사도 요한이 주의 깊게 선택한 심오한 언어로도 표현되었다.

"태초에 말씀이 계시니라 이 말씀이 하나님과 함께 계셨으니 이 말씀은 곧 하나님이시니라 그가 태초에 하나님과 함께 계셨고 만물이 그로 말미암아 지은 바 되었으니 지은 것이 하나도 그가 없이는 된 것이 없느니라"(요 1:1-3).

이 진리는 아무리 강조해도 지나치지 않다. 하나님과 우리 자신에 대해 올바르게 생각하려면 반드시 이것을 알아야 하기 때문이다.

너무나 당연해서 귀중함을 잃어버린 진리

사실 이 진리는 누구나 아는 것이고, 모든 신앙인이 공통적으로 믿는 것이다. 하지만 그토록 상식적이기 때문에 오히려 이 진리가 우리에게 거의 의미를 갖지 못하는 것이 우리의 안타까운 현실이다. 진리의 이런 운명에 대해 S. T. 콜리지(S. T. Coleridge, 1772~1834. 영국의 시인 및 비평가)는 이렇게 말했다.

다른 그 무엇보다 더욱 경외스럽고 흥미로운 것이 진리들인데, 이것이 너무나 당연한 것으로 치부되기 때문에 모든 힘을 잃어버리고, 지극히 경멸스러워 배척당하는 오류들과 나란히 영혼의 침대에 누워 있도다.

오늘날에는 '하나님의 우선권'이라는 개념이 진부한 진리 중 하나로 간주되고 있다. 나는 이 개념이 너무나 일반적으로 받아들여지기 때문에 오히려 소홀히 취급당하고 있는 잘못된 현상을 바로 잡기 원한다. 관심 밖으로 밀려난 기독교의 진리들에 새로운 활력을 불어넣어 주려면 어떻게 해야 할까? 우선, 기도와 오랜 묵상을 통해 우리의 머리를 꽉 채우고 있는 흐리멍덩한 생각들에서 그 진리들을 분리해 내야 한다. 그리고 그 진리들을 우리의 관심 중심에 두기로 결단하고 이를 행해야 한다.

만유에게 하나님은 '위대한 선행자(先行者)'가 되신다. 그분이 존재하시기에 우리가 있고, 또 그 밖의 모든 것이 존재한다. 그분은 경외할 만한 분이시요, 시작이 없는 분이시며, 자신에게만 원인이 있는 분이시요, 독립적인 분이시고, 자족적(自足的)인 분이시다. 프레더릭 W. 페이버(Frederick. W. Faber, 1814~1863. 영국의 찬송가 작사자)는 하나님의 영원성을 기리는 찬송가로 이것을 잘 노래했다.

크신 하나님! 당신께 청년 시절이란 없습니다.
당신은 시작 없는 끝이십니다.
당신의 영광은 그 자체가 거처(居處)이지만
그 자신의 평온한 마음 안에 거합니다.
어떤 시대도 당신에게 시간의 옷을 입힐 수 없으니
오, 사랑의 하나님! 당신 자신이 당신의 영원이십니다.

이 찬송시를 그저 수많은 시들 중 하나로 여겨 대충 훑어보고 지나가면 안 된다. 훌륭한 그리스도인의 삶과 그렇지 못한 그리스도인의 삶을 가르는 결정적 요인은 신앙적 개념들의 질(質)이다. 여섯 행으로 이루어진 이 찬송시에 담긴 개념들은 야곱의 사다리에 비유될 수 있다. 그 사다리를 한 칸씩 밟고 올라가다 보면 하나님에 대해 더욱 건전하고 만족스런 개념들에 도달할 수 있다.

지름길은 없다

하나님을 언제나 '거기에 계신 분'으로, 언제나 '거기에 먼저 계신 분'으로 인식하게 될 때, 우리는 비로소 그분에 대해 정확한 개념을 갖게 된다. 여호수아는 이것을 배워야 했다. 그는 하나님의 종인 모세의 종으로 오랜 세월을 살아왔다. 그는 모세의 입에서 나오는 말이 하나님의 말씀이라고 확신하면서 그 말을 받았기 때문에 그의 마음속에는 모세와 모세의 하나님이 섞여 있었다. 모세의 생각과 하나님의 생각이 거의 구별이 안 된 채로 연결되어 있을 정도였다. 하지만 이제 모세는 죽었다. 이에 젊은 여호수아가 낙심하지 않도록 하나님은 "내가 모세와 함께 있었던 것같이 너와 함께 있을 것임이니라"(수 1:5; 수 3:7 참조)라는 말씀으로 그를 안심시키셨다. 변한 것은 없었다. 잃어버린 것도 없었다. 하나님의 사람이 죽는다 해도 그분의 어떤 부분도 죽지 않는다.

그분은 "내가 … 있었던 것 같이 … 있을 것임이니라"라고 말씀하신다. 이렇게 말씀하실 수 있는 분은 오직 하나님뿐이시다. 오직 '영원하신 분'만이 시간을 초월하는 자존성(自存性, 출 3:14)의 기반에서 "내가 있었다 … 있을 것이다"라고 말씀하실 수 있다.

여기서 우리는 그분의 본성의 본질적 통일성을 인식하게 된다(이런 인식에 도달하면 두려움과 기이함을 동시에 느끼게 된다). 즉, 영원과 시간 속에서 변하지 않는 그분의 존재의 무시간적 지속성을 인정하게 된다. 이때 우리는 '영원한 연속체'(eternal continuum)를 보고 느끼기 시작한다. 우리가 어디에서 시작하든 간에 하나님이 거기에 먼저 계신다. 그분은 알파와 오메가이시며 시작과 끝이시다. 전에도 계셨고, 지금도 계시며, 장차 오실 분이요 전능자이시다. 우리의 상상력이 가장 먼 끝까지 더듬어 창조 이전의 '비어 있음'(void)에까지 미친다 해도, 거기에도 그분이 계신다. 그분이 현재 던지시는 한 번의 눈길 속에는 영원 전부터의 만유가 다 들어 있다. 시선 한 번 바꾸지 않으면서도 그분은 지금부터 천 세대 후에 스랍이 날개 한 번 퍼덕이는 것까지도 보고 계시다.

과거의 나 같았으면 이런 말들이 이 세상 누구에게도 도움이 안 되는 형이상학적 골동품이라고 느꼈을 것이다. 그러나 이제는 이런 이야기가 무한한 유익의 가능성을 내포한 건전하고 이해하기 쉬운 진리로 여겨진다. 그리스도인의 삶의 시작단계에서 올바른 관점을 갖는 데 실패하면 평생 저조한 영적 결실과 연약함에 시달릴 수 있다.

우리의 영적 체험의 빈곤이 하나님 나라의 회랑(回廊)을 대충 훑어보며 지나가는 습관 때문에 생기는 것은 아닐까? 시장을 지나갈 때 온갖 수다를 떨지만 정작 발걸음을 멈추어 무엇 하나를 제대로 관찰하지 못하는 아이들처럼 하나님 나라의 회랑을 대충 훑어보며 지나가는 것은 아닐까?

때때로 나는 인간에게 생기기 쉬운 조바심에 이끌려 '쉽고 간단한 교훈들을 통해 현대의 그리스도인들을 고통 없이 더 깊은 영적 삶으로 이끌어줄 방법은 없을까?'라고 고민하게 된다. 하지만 이런 바람은 헛된 것이다. 지름길은 없다. 하나님이 우리의 조바심과 조급함에 동의하시거나 현대 기계문명의 방법들을 받아들이신 적은 없다.

하나님께 투자한 시간은 낭비가 아니다

이제 우리는 하나님을 알려면 그분께 시간을 드려야 한다는 엄중한 진리를 받아들여야 한다. 그분을 아는 데 투자된 시간을 낭비라고 여겨서는 안 된다. 몇 시간이라도 계속 기도와 묵상에 몰두할 수 있어야 한다. 과거의 성도들, 영광스런 사도들의 무리, 존경스런 선지자들, 그리고 모든 시대의 거룩한 교회의 신자들이 그렇게 했다. 그들의 뒤를 따르려면 우리도 그렇게 해야 한다.

그렇게 할 때 우리는 하나님께서 '창조되지 않은 그분의 존재'의 통일성을 그분의 모든 일하심과 시대들 속에서 계속 유지하고 계시다는 것을 깨닫게 될 것이다. 그렇다! 언제나 그분은 "내가 행하였다 … 내가 행할 것이다"라고 말씀하실 뿐만 아니라 "내가 행한다 … 내가 행하고 있다"라고 말씀하신다.

이 진리를 굳게 붙들어야 강한 믿음의 소유자가 될 수 있지만, 안타깝게도 우리는 이 진리를 거의 생각하지 않는다. 습관적으로 우리는 현재(現在)에 서서 '하나님으로 충만했던 과거'를 보기 위해 믿음의 시선을 뒤로 돌리거나, 미래에 계신 그분을 보기 위해 앞으로 눈길을 돌릴 뿐이다. 우리의 현재를 채우고 있는 것은 우리 자신뿐이다.

이는 일종의 '일시적 무신론'의 죄를 범하고 있는 것이다. 일시적으로 하나님이 존재하시지 않는 우주에 나만이 존재한다고 생각한다. 그분에 대해 큰 소리로 많이 이야기하지만 속마음으로는 그분이 존재하시지 않는다고 생각한다. 과거에 계셨던 하나님과 미래에 오실 하나님 사이의 중간 지대에는 나만이 존재한다고 생각한다. 그러다 보니 인류의 역사만큼이나 오래된 우주적 고독에 빠져 살아간다.

우리 각자는 사람들로 붐비는 시장의 한복판을 걸어가는 어린아이 같다. 어린아이는 엄마에게서 불과 몇 걸음 벗어나 있을 뿐이지만 눈에 엄마가 보이지 않기 때문에 마음이 불안하다. 그래서 두려움을 줄이고 마음의 슬픔을 치유하기 위해 종교가 만들어낸 온갖 방법을 시도해보지만 여전히 행복하지 못하다. 광대무변하고 삭막한 우주에 홀로 있는 인간의 뿌리 깊은 절망감에 젖어 있기 때문이다.

그러나 명심하라! 우리는 온갖 두려움에도 불구하고 혼자가 아니다. 진짜 문제는 우리가 혼자라고 '생각'하는 것이다. 이런 착각에서 벗어나려면 우리가 물이 충만히 흐르는 강가에 서 있다고 생각해야 한다. 이 강은 다름 아닌 하나님 자신이시다! 눈길을 왼쪽으로 돌리면 이 강이 우리의 과거로부터 충만히 흘러나오는 것이 보일 것이고, 시선을 오른쪽으로 돌리면 이 강이 우리의 미래로 계속 흘러가는 것이 보일 것이다. 이 강은 우리의 현재를 통해서 흘러간다! 오늘의 이 강은 어제의 강과 똑같다. 달라진 것도 없고, 물이 늘었으면 늘었지 결코 줄지 않았다. 자신의 주권적 뜻에 따라 우리의 미래로 계속 흘러가는 이 강은 '끊어지지 않는 연속체'로서 줄지 않고 오히려 세차고 활기차게 흐른다.

그 무엇도 하나님의 손길을 대신할 수 없다

우리의 믿음이 성경에 충실했을 때, 믿음이 거짓 없는 믿음으로 드러났을 때에는 언제나 '현재의 하나님'에 대한 느낌이 존재했다. 사람들이 실재하시는 인격적 존재를 만났다는 느낌을 확실하게 찾아볼 수 있는 곳은 바로 성경이다. 성경에 나오는 사람들은 그분과 대화를 나누었다. 그분에게 말씀드렸고, 그들이 이해할 수 있는 언어로 말씀하시는 그분의 음성을 들었다. 그들과 하나님 사이에는 인격 대 인격의 만남에서나 가능한 상호교류가 있었고, 그들의 말과 행동에서는 영광스런 실재에 대한 느낌이 넘쳐 흘렀다.

믿음 없는 심리학자들(하나님의 빛이 아닌 다른 빛을 찾아다니는 눈 먼 선지자들)도 '거기에 있는 그 무엇'(something there)에 대한 이런 느낌이 종교적 체험의 밑바닥에 있다는 것을 인정할 수밖에 없다. 그러나 '거기에 있는 그 무엇'에 대한 느낌보다 훨씬 더 좋은 것은 '거기에 계신 어떤 분'(Someone there)에 대한 느낌이다. 바로 이 느낌 때문에 초대교회 신자들은 끝없는 경탄에 사로잡혔다.

이 초기의 제자들이 맛보았던 숭고한 기쁨은 그들 가운데 초월적 존재가 계시다는 확신에서 힘차게 뻗어 나왔다. 그들은 하늘에 계신 지극히 고귀한 분께서 이 땅에서 그들을 만나 주신다는 것을 알았다. 그렇다! 그들은 그분의 임재를 알았다! 그분의 임재에 대한 확신에서 나오는 힘은 평생 동안 그들의 관심을 사로잡았고, 그들을 고양시키고 변화시켰으며, 주

체할 수 없는 정신적 행복감으로 충만케 해주었고, 찬송하며 감옥에 가거나 심지어 순교하도록 힘을 주었다. 이런 놀라운 일들은 역사의 불가사의 중 하나이고 세상의 경이(驚異)이다.

'거기에 계신 어떤 분'에 대한 이런 느낌이 얼마나 놀라운 것인지에 대해서는 우리의 조상이 우리에게 말해주었고, 또 우리의 마음도 확인해주는 바이다. 이런 느낌이 있기 때문에 비판자들의 공격에도 불구하고 종교가 건재한 것이고, 원수의 거센 난타에도 우리의 마음이 무너지지 않고 견고히 서 있는 것이다. 임재하시는 하나님을 경배하는 사람들은 믿음 없는 사람들의 반대에도 흔들리지 않는다. 그들의 체험 자체가 증거이기 때문에 다른 증거나 변증(辨證)이 필요 없다. 귀로 듣고 눈으로 본 것 때문에 그들은 의심을 극복하며, 믿음을 파괴하려는 논리의 힘을 뛰어넘는 확신 가운데 거한다.

성경 선생이 되기를 원하지만 자기가 무슨 말을 하는지도 모르고 무엇을 주장하는 지도 모르는 사람들이 있다. 그들은 소위 '꾸밈없는 믿음'이라는 것을 내세우면서, 이것만이 영적인 일들을 알 수 있는 유일한 방법이라고 주장한다. 그들은 "하나님의 말씀이 신뢰할 만한 것이라고 믿는 것이 '꾸밈없는 믿음'이다"라고 말한다. 그러나 내가 볼 때, 그런 믿음은 귀신들도 갖고 있다.

진리의 성령에게 조금이라도 가르침을 받은 사람이라면 이런 사람들의 왜곡된 견해에 반발하면서 "나는 진리의 성령의 말씀을 듣고 그분을 알게 되었다. 그런 내가 우상들과 더 이상 관계를 가질 필요가 있는가?"라고 항변할 것이다. 이렇게 말하는 것은 성경 본문에서 '추론해 낸 존재'에 불과한 하나님을 사랑할 수는 없기 때문이다. 말로만 하나님을 붙드는 것을 거부하고, 지극히 중요한 '하나님 인식'에 도달해 그분과 깊은 인격적 교제를 나누며 사는 것이 그들의 소원이다.

우리의 하나님을 책이나 이런저런 글들에서 찾는 것은 산 자를 죽은 자들 가운데서 찾는 것과 똑같다. 이런 것들에서 그분을 여러 번 찾는다 해도 헛수고일 뿐이다. 너무나 자주 이런 것들은 그분의 진리들을 거룩하게 모시기보다 오히려 무덤에 매장한다. … 그것들은 기껏해야 지성(知性)의 손으로 그분을 만질 뿐이다. … 우리는 생명의 말씀을 눈으로 보고 귀로 듣고 손으로 만져야 한다.
_ 캠브리지의 존 스미스

우리의 영혼을 만져주시는 하나님의 손길을 대신할 수 있는 것은 없다. '거기에 계신 어떤 분'에 대한 느낌을 대신해 줄 수 있는 것도 없다. 실로 진정한 믿음은 이런 느낌을 준다. 성경 본문을 단지 이성적으로 분석하는 것은 믿음이 아니다. 참된 믿음이 있는 사람의 의식(意識) 안에는 '하나님 인식'이 주어진다. 물론 이런 '하나님 인식'은 이성에 의해 도달하는 논리적 결론과는 아무런 상관이 없다.

이런 비유를 들어보자. 어떤 사람이 한밤중 아주 깜깜할 때 자다가 눈을 떴는데 방 안에서 누군가 움직이는 소리가 들린다. 눈에 보이지 않는 그 사람이 사랑하는 가족이라면 은은한 기쁨이 그의 마음에 충만할 것이다. 가족은 그의 방에 들어올 권리가 있다. 그러나 낯선 사람이 강도나 살인을 목적으로 침입한 것이라고 생각할 만한 이유가 있다면 그는 어느 방향에서 공격이 들어올지 모른 채 두려움 가운데 어둠 속을 응시할 것이다.

우리가 이 비유에서 알 수 있는 것은 경험이 있는 사람은 어둠 속에 누군가 있다고 예민하게 느낄 것이고, 경험이 없는 사람은 그마저도 알지 못한다는 것이다. 스스로 그리스도인이라고 자처하는 사람 중 대다수에게 진정한 체험이 없는 것이 사실 아닌가? 우리는 의미 깊은 하나님과의 만남 대신 신학적 개념들을 붙들고 있다. 종교적 개념들로 가득한 우리의 큰 약점은 '거기에 계신 어떤 분'이 마음에 없다는 것이다.

그리스도인의 참된 체험에는 '하나님과의 참된 만남'이 반드시 포함되어야 한다. 이 만남 외에 다른 어떤 것이 포함되었는가 하는 문제는 그리 중요하지 않다. 이 만남이 없다면 신앙은 그림자요, 실재의 모조품이며, 소문으로만 들은 다른 사람의 복된 체험의 싸구려 모방에 불과하다. 어떤 사람이 어려서부터 노년에 이르기까지 교회생활을 했지만 신학과 논리를 섞어 만든 '합성된 하나님' 밖에 모른다면 정말 인생의 큰 비극이 아닐 수 없다. 그런 신에게는 볼 수 있는 눈이 없고, 들을 수 있는 귀가 없으며, 사랑할 수 있는 마음이 없기 때문이다.

언제나 동일한 하나님의 생명

과거의 영적 거인들은 인생의 한 시점에서 하나님의 임재를 분명히 경험한 후 평생 그 인식을 잃어버리지 않았다. 아마 그들은 그분을 처음 만났을 때 두려움을 느꼈을 지도 모른다. 아브라함이 그랬고, 모세가 그랬다.

"해 질 때에 아브람에게 깊은 잠이 임하고 큰 흑암과 두려움이 그에게 임하였더니"(창 15:12).

"모세가 하나님 뵈옵기를 두려워하여 얼굴을 가리매"(출 3:6).

그러나 대개의 경우 이런 두려움에서 공포의 요소는 곧 사라지고 얼마 후에는 기쁨에 찬 경외심이 생겨났다. 결국 그들은 하나님께 아주 가까이 있다는 경건한 느낌 가운데 안정을 되찾았다.

여기서 중요한 것은 그들이 하나님을 체험했다는 것이다. 그분에 대한 체험을 배제한다면 선지자들과 성도들의 삶이 설명되지 않는다. 그들이 무수한 세대에게 끼친 선한 영향력은 그 체험 없이는 설명되지 않는다. 그들은 임재하시는 분과 의식적인 교제를 나누며 살았다. 그들은 '거기에 실제로 계신 분'과 대화를 나눈다는 진솔한 확신 가운데 기도를 드렸다.

우리가 많은 영적 보물을 잃어버린 것은 불멸의 생명의 기적이 하나님 안에 있다는 단순한 진리를 잊어버렸기 때문이다. 심통 사나운 예술가는 자기의 예술 작품에 실망하면 던져버리지만, 하나님은 그분이 창조하신 생명을 던져버리지 않으신다. 모든 생명은 그분 안에 있고, 그분에게서 흘러나와 다시 그분께 돌아간다. 모든 생명은 나눌 수 없는 거대한 흐름이고, 그 흐름의 원천은 그분이시다. 아버지와 함께 있었던 영생이 이제는 믿는 자들의 소유가 되었다. 이 생명을 가리켜 '하나님의 선물'이라고만 표현한다면 적절하지 못하다. 이 생명은 '하나님 자신'이시다.

속량은 하나님이 잠깐 틈을 내어 이루신 이상한 일이 아니다. 속량은 인간의 타락이라는 새로운 상황에서 일어난 그분의 본래의 일이다. 그분이 창조의 순간부터 이루신 모든 것들의 핵심이 신자의 중생(重生)에 담겨 있다. 구약에 묘사된 창조와 신약에 묘사된 중생 사이에는 놀라운 유사성이 존재한다.

예를 들어, 거듭나지 못한 영혼의 상태를 가장 잘 표현해주는 것은 "땅이 혼돈하고 공허하며 흑암이 깊음 위에 있고"(창 1:2)라는 말일 것이다. 그리고 그런 영혼에게 가까이 가려는 하나님의 불타는 마음을 가장 잘 드러낸 말은 "하나님의 영은 수면 위에 운행하시니라"(창 1:2)라는 구절일 것이다. 만일 그분이 "빛이 있으라"(창 1:3)라고 말씀하시지 않았다면, 죄의 수렁에 빠져 있는 영혼에게 비추어질 빛은 어디에서 나와야 할까? 그분의 말씀에 따라 빛이 비치면 죄에 빠진 인간이 깨어나 영생을 마시고 '세상의 빛'을 따르기 시작한다. 태초의 창조 후에 질서와 결실(結實)이 따라왔듯이, 도덕적 질서와 영적 결실이 거듭난 자에게 나타나기 시작한다. 우리가 잘 알듯이, 그분은 언제나 동일하시고 그분의 연대는 다함이 없다(히 1:12). 그분은 어디에서 무슨 일을 하시든 간에 언제나 그분답게 행하신다.

과거로 돌아가 과거를 되살려내고자 하는 생각은 우리를 약하게 만드는 무익한 것이므로 버려야 한다. '아브라함이나 사도 바울의 시대에 살았다면 지금보다는 좋았을 텐데'라는 식의 유치한 생각은 버려야 한다. 하나님이 보실 때는 아브라함의 시대나 지금이나 똑같다. 그분이 생명을 한 번 불어넣으셨을 때 모든 날과 모든 시대가 창조되었기 때문에, 첫날의 생명과 인류 역사 마지막 날의 생명이 그분 안에서는 하나로 연합해 있다. 우리는 믿음의 조상들이 노래한 진리를 다시 부르고 또 믿어야 할 것이다.

모든 시대들을 포함하는 영원의 시간이
그대의 눈앞에 나타나도다.
그대에게 옛것이 나타나는 것이 아니다.
오, 크신 하나님! 새것은 없나이다.

인간을 구원하실 때 하나님은 세상을 창조하실 때 하셨던 창조사역을 '다시' 하시는 것뿐이다. 좀 더 정확히 말하면, 그 창조사역을 '계속' 하시는 것뿐이다. 그분의 관점에서 볼 때 속량 받은 각각의 영혼은 '하나의 세계'(a world)이며, 이 세계 안에서 그분은 그 옛날처럼 그분의 즐거운 일을 반복하시는 것이다.

오늘, 나와 만나주시는 하나님

오늘날 하나님을 체험하는 우리는 아브라함이나 다윗이나 바울이 가졌던 모든 것을 우리도 하나님 안에서 갖고 있다는 사실에 기뻐하게 된다. 그분의 보좌 앞에 있는 천사들이라고 해서 우리보다 더 많이 가진 것은 아니다. 그들이 우리보다 그분을 더 많이 체험할 수 있는 것도 아니며, 그분 한 분으로 충분히 만족할 수 있기 때문이다. 그분이 이루신 모든 것, 그리고 그분의 존재의 모든 것이 우리를 위한 것이요, 우리처럼 구원을 누리는 모든 이를 위한 것이다.

우리는 자신의 단점을 충분히 알지만, 그럼에도 불구하고 그분의 사랑 안에서 우리의 자리를 찾을 수 있다. 우리 중 가장 영적으로 빈곤하고 연약한 사람들이 하나님의 자비 가운데 주어질 수 있는 그분의 모든 부요함을 달라고 기도한다 해도 전혀 뻔뻔한 일이 아니다. 우리에게는 자신을 위해 모든 것을 주장할 수 있는 권리가 얼마든지 허락되어 있다. 무한하신 하나님은 그분의 자녀 각자에게 그분 자신을 전폭적으로 주실 수 있다. 그분은 그들 각자에게 일부분만 돌아가도록 그분을 나눠주시는 것이 아니다. 각자에게 그분의 전부를 주신다. 마치 다른 자들에게는 전혀 주시지 않은 것처럼 말이다.

그러므로 우리가 하나님께 나아갈 때 일반성과 막연함 뒤에 숨지 말고 자기 개인에게 초점을 맞추는 구체성을 보여 드린다면 큰 영적 유익을 얻을 것이다(일반성과 막연함 뒤에 숨는 것은 불신앙과 거짓 겸손을 숨기기 위한 꼼수이다). 구체성 가운데 당당해지면 '나'(I)라는 인칭대명사를 두려워하지 않게 될 것이며, 오히려 그 인칭대명사를 주신 하나님 앞으로 그분의 친구들과 함께 나아가 각자가 그분과 그분의 일을 구하게 될 것이다. 그리고 그때 우리는 그분의 모든 일이 우리 각자를 위한 것임을 깨닫고 이렇게 노래하게 될 것이다.

당신은 저를 위해 옷을 입듯이 빛을 입으셨고, 커튼을 치듯이 하늘을 펴셨으며, 땅의 기초를 놓으셨습니다. 저를 위해 당신은 달을 지명해 절기를 관리하게 하셨으며, 당신이 정하신 바에 따라 태양은 일몰(日沒)의 때를 알게 되었습니다. 저를 위해 당신은 땅의 모든 짐승을 종류대로 지으셨고, 허브(herb)의 결실을 위한 모든 씨앗을 만드셨으며, 열매 맺는 모든 나무를 창조하셨습니다. 저를 위해 선지자가 글을 썼고 시편 기자가 노래했습니다. 저를 위해 거룩한 사람들이 성령의 감동에 따라 말씀을 전해주었습니다.

저를 위해 그리스도께서 돌아가셨습니다. 그분의 죽음이 이루신 속량의 유익들이 영원히 지속되는 '그분의 현재적 생명의 기적'을 통해 주어집니다. 그분이 머리를 숙이고 영혼이 떠나가셨던 날과 똑같이, 지금도 그 유익들은 효력이 있습니다. 그분이 사흘 만에 부활하셨던 것도 저를 위한 것이었습니다. 그분이 약속의 성령을 제자들에게 부어주셨던 것도 창조의 아침 이래 저를 위해 해오셨던 일을 제 안에서 계속하시기 위함입니다.

더 깊은 묵상을 위한 질문들

1 '하나님에게는 우리의 도움이 필요 없고 오히려 우리에게 그분의 도움이 절대적으로 필요하다'는 사상은 자기중심주의에 빠진 우리의 육신적 마음이 가장 이해하기 힘든 사상일 것이다. 그분은 자족적인 분이시지만 우리는 그렇지 않다. 이 근원적 진리가 우리의 깨달음에 왜 그토록 중요하며, 믿음의 진보에 왜 그토록 필수적인가?

2 토저는 더 깊은 영적 삶으로 들어가는 지름길을 찾지 말라고 경고하면서 이렇게 말한다. "하나님이 우리의 조바심과 조급함에 동의하시거나 현대 기계문명의 방법들을 받아들이신 적은 없다. 이제 우리는 하나님을 알려면 그분께 시간을 드려야 한다는 엄중한 진리를 받아들여야 한다. 그분을 아는 데 투자된 시간을 낭비라고 여겨서는 안 된다." 모든 것이 바쁘게 돌아가는 문화 속에서 살아 계신 하나님을 깊이 알려면 어떻게 해야 하는가?

3 하나님을 믿는 굳센 믿음은 그분이 행하신 것(과거)과 행하실 것(미래)을 이해할 뿐만 아니라 지금 행하고 계신 것(현재)까지도 이해한다. 그러나 오늘날의 신자들에게서는 이런 경향이 발견된다. "습관적으로 우리의 현재(現在)에 서서 '하나님으로 충만했던 과거'를 보기 위해 믿음의 시선을 뒤로 돌리거나, 미래에 계신 그분을 보기 위해 앞으로 눈길을 돌릴 뿐이다. 우리의 현재를 채우고 있는 것은 우리 자신뿐이다. 그러므로 일종의 '일시적 무신론'의 죄를 범하고 있는 것이다." 이런 삶의 태도가 왜 우리의 믿음에 파괴적 결과를 가져오는가? 하나님이 계시지 않는 것처럼 살고 있는 '일시적 무신론'의 소용돌이에 빠져 있는 것은 아닌지 분별하려면 어떻게 해야 하는가? 이런 시각을 고치기 위해 당장 할 수 있는 일은 무엇인가?

4 "참된 믿음이 있는 사람의 의식(意識) 안에는 '하나님 인식'이 주어진다. 물론 이런 '하나님 인식'은 우리의 이성에 의해 도달하는 논리적 결론과는 아무런 상관이 없다." 토저의 이 말에 담긴 의미는 무엇인가? 토저의 이 말을 당신 자신의 말로 바꾸어 표현해보라.

5 "하나님은 우리 각자에게 일부분만 돌아가도록 그분을 나눠주시지 않는다. 각자에게 그분의 전부를 주신다. 마치 다른 자들에게는 전혀 주시지 않은 것처럼 말이다." 이런 말을 들을 때 하나님과 당신 사이의 관계에 대해 어떤 생각을 갖게 되는가? 만일 당신의 믿음이 일반성 뒤에 숨어 있음으로 구체성이 결여되어 있다면, 당신 개인에게 초점을 맞추는 구체성을 보여 드리기 위해 해야 할 일은 무엇인가?

힘써 하나님을 알자

너희는 여호와의 선하심을 맛보아 알지어다 시 34:8

25여 년 전 캐넌 홈즈(Canon Holmes)는 많은 사람들이 하나님에 대해 갖고 있는 믿음이 추론적(推論的) 믿음이라고 지적했다. 그렇다. 대부분의 사람은 그분의 실재(實在)를 믿지 않고 그분에 대한 추론을 믿는다. 그들에게 하나님은 그들이 적절하다고 여기는 증거에서 연역적으로 추론된 존재에 불과하다. 그들은 그분을 인격적으로 알지 못하고, "하나님이 존재하셔야 하니 그분이 존재하신다고 믿는다"라고 말할 뿐이다.

더욱 불행한 것은 이 정도까지 이르지 못하는 사람들도 있다는 것이다. 이런 사람들은 오직 소문으로만 그분을 알 뿐이다. 스스로 깊이 생각하는 수고를 피하고, 다만 남들로부터 그분에 대한 이야기를 들을 뿐이다. 그리고 그분에 대한 믿음을 마음의 뒤쪽 구석에 처박아 놓는다. 그 구석에는 그들의 신념을 이루고 있는 다양한 잡동사니가 나뒹굴고 있다. 많은 이들에게 있어서 하나님은 하나의 관념에 불과하며, 선함이나 아름다움이나 참됨의 또 다른 이름일 뿐이다. 아니면 신기한 현상들의 배후에 있는 어떤 법칙이나 힘이나 창조적 추진력 정도로 이해된다.

하나님에 대한 사람들의 개념들이 이렇게 다양하지만, 그들의 한 가지 공통점은 그분을 '인격적 관계'로 체험하지 못했다는 것이다. 그들은 그분을 깊이 아는 것이 가능하다는 생각을 해본 적이 없다. 그분의 존재는 인정하지만, 사람이나 사물을 알듯이 그분을 알 수 있다는 생각은 하지 못한다.

물론 그리스도인들이 이런 사람들보다는 한 걸음 더 나간다. 적어도 이론적으로는 말이다. 그들의 신조는 '하나님을 인격적 존재로 믿으라'고 그들에게 가르친다. 그들은 "하늘에 계신 우리 아버지여"(마 6:9)라고 기도해야 한다고 배웠다. '그분이 인격적 존재로서 아버지가 되신다'는 개념에는 그분과의 인격적 소통이 가능하다는 개념도 포함되는데, 이것은 수백만의 그리스도인이 이론적으로는 인정하는 것이다. 하지만 그들은 비그리스도인과 마찬가지로 그분의 실재를 알지 못한다. 이런 그리스도인들은 하나의 관념을 사랑하고 단순한 원리에 충실하려고 애쓰면서 평생을 보낸다.

우리에게 알려지신 하나님

마치 구름이 낀 것 같은 이런 모호함과 뚜렷한 대조를 이루는 것이 성경의 교리이다. 이 교리에 따르면, 우리가 하나님을 인격적으로 체험하는 것이 가능하다. 성경에는 사랑을 베푸는 인격적 존재가 처음부터 끝까지 등장한다. 그분은 에덴동산의 나무들 사이를 걸으셨고, 동산 구석구석에 그분의 향기를 불어넣으셨다. 살아 계신 그분은 언제나 나타나 말씀하시고 호소하시며 사랑하시고 일하셨다. 그분의 백성이 그분의 나타남을 받아들일 준비가 되어 있을 때에는 언제 어디서나 그렇게 하셨다.

성경이 자명한 사실로 받아들이는 것이 있는데, 그것은 인간이-적어도 그의 경험 속에 들어오는 다른 사람이나 사물을 알 때처럼-직접적으로 하나님을 알 수 있다는 것이다. 사람이나 사물의 인식을 표현하는 데 사용되는 단어들이 성경에서 하나님 인식을 표현하는 데에도 사용된다.

"너희는 여호와의 선하심을 '맛보아' 알지어다"(시 34:8).

"왕의 모든 옷은 몰약과 침향과 육계의 '향기가 있으며' 상아궁에서 나오는 현악은 왕을 즐겁게 하도다"(시 45:8).

"내 양은 내 음성을 '들으며'"(요 10:27).

"마음이 청결한 자는 복이 있나니 그들이 하나님을 '볼 것임이요'"(마 5:8).

이런 성격의 성경구절이 무수히 많다. 그런데 무수히 많은 각각의 구절보다 훨씬 더 중요한 것은 성경 전체가 하나님을 인격적 존재로 드러내고 있다는 것이다.

그렇다면 이 모든 것은 무엇을 말해주는가? 우리에게 익숙한 오감(五感)을 통해 사람이나 사물을 인식하는 것만큼 확실히 하나님을 인식하게 해주는 기능이 우리의 정신 안에 있다는 것이다! 눈에 보이는 세상을 인식하는 데 사용되도록 주어진 기능을 사용하면 물질적 세상을 알 수 있듯이, 우리 마음의 기능을 사용하면 하나님과 영적 세계를 알 수 있다. 물론, 그렇게 되려면 성령께서 주시는 충동에 순종하면서 그 기능을 사용해야 한다.

하나님을 인식하는 기능이 되살아나려면 인간의 마음 안에서 구원의 역사가 먼저 일어나야 한다. 거듭나지 못한 사람의 정신적 기능은 사용되지 못한 채 그의 본성 안에서 잠자고 있으며, 그 어떤 목적에도 도움이 안 된다. 이것은 죄 때문에 생긴 불행이다. 그러나 거듭나게 하는 성령의 사역이 개입하면 그 기능이 살아나 활동하게 된다. 이것은 그리스도의 십자가 속량을 통해 주어지는 측량할 수 없는 영적 유익 중 하나이다.

그런데 속량 받은 하나님의 자녀들이 성경이 가르쳐주는 '하나님과의 습관적이고 의식적(意識的)인 교제'에 대해 잘 모르는 것은 왜 그런가? 그것은 만성적 불신앙 때문이다. 우리의 영적 분별력은 믿음을 통해 작동하게 되지만, 믿음에 문제가 생기면 영적으로 무감각해져서 영적인 일에 둔해진다. 오늘날 수많은 그리스도인이 바로 이런 상태에 빠져 있다. 이 사실을 입증하기 위해 힘들게 증거를 찾을 필요조차 없다. 밖에 나가 제일 먼저 마주치는 그리스도인을 붙들고 이에 대해 이야기하거나 제일 먼저 눈에 띄는 교회로 들어가 보면 금방 증명된다.

영적 세계는 우리 가까이에 있다. 우리를 완전히 둘러싸고 있기 때문에 우리의 내적 자아가 손만 뻗으면 만질 수 있다. 그 세계는 우리가 알아주기를 학수고대한다. 하나님은 우리가 그분의 임재에 반응하기를 원하신다. 이 영원한 세계는 우리가 그것의 '실재'를 '의지하기' 시작하는 순간부터 되살아난다.

실재하는 삶, 실재하시는 하나님

방금 내가 사용한 두 단어는 정의(定義)가 필요하다. 만일 정의가 불가능하다면, 적어도 나는 이 단어들을 내가 무슨 의미로 사용하는지를 밝혀야 한다. 이 두 단어는 '실재'와 '의지하다'이다.

우선, 내가 의미하는 '실재'는 무엇인가? 그것은 인간의 정신에서 완전히 독립해 객관적으로 존재하는 것이다. 그것에 대해 어떤 생각을 할 수 있는 인간의 정신이 아예 존재하지 않는다 해도 그것은 존재한다. '실재'는 그 자체로서 존재하며, 그것을 관찰하는 자가 없다 할지라도 존재한다.

'실재'에 대한 사람들의 생각을 가지고 장난치는 자들이 있다는 걸 나는 잘 안다. 관념론자(觀念論者)라고 불리는 그들은 인간의 정신 밖에는 아무것도 실재하지 않는다는 것을 증명하기 위해 아주 복잡한 말들을 끝없이 늘어놓는다. '상대주의자'라고 불릴 수 있는 그들은 우리의 판단 근거가 되는 기준점들이 이 우주 안에 없다고 증명하기를 좋아한다. 그들은 저 높은 지성(知性)의 정상에 앉아 우리를 내려다보며 비난조의 말투로 우리에게 '절대주의자'라는 딱지를 붙여 우리의 입을 막은 다음 회심의 미소를 짓는다. 그러나 그리스도인은 경멸에 찬 그들의 눈빛에 기죽지 않는다. 오히려 자신감 넘치는 미소로 응수할 수 있다. '절대적인 한 분', 즉 하나님이 계시다는 걸 알기 때문이다.

또한 그리스도인은 절대적인 그분이 인간이 사용하도록 이 세상을 만드셨다는 것을 잘 알고 있다. 인간 삶의 모든 목적을 위한 기준점들(실재적인 것들)이 궁극적 의미에서는 이 세상에 존재하지 않지만(여기서 궁극적 의미라 함은 하나님께 대해 성립할 수 있는 그런 궁극적 의미이다), 그럼에도 불구하고 우리는 그런 실재적인 것들이 존재하는 것처럼 행동하도록 허락되었다.

사실, 모든 사람은 그렇게 행동하면서 살아간다. 정신적으로 문제가 있는 사람들을 제외하면 말이다. 정신적으로 문제가 있는 사람들은 실재와의 관계에서 문제를 안고 살아가지만 그들도 나름대로의 일관성을 가지고 있다. 즉, 실재에 대한 자신들의 관념에 충실하며 살아가기를 고집한다. 적어도 그들에게는 거짓이 없다. 하지만 그들의 정직함이 사회 속에서 문제를 일으키기도 한다.

관념론자와 상대주의자는 정신적으로 문제가 있는 사람들은 아니다. 그들의 정신이 정상이라는 것은 두 가지를 통해 증명된다. 첫째, 그들의 삶을 통해 증명된다. 역설적이게도 그들은 자신들이 이론적으로 거부하는 실재에 대한 개념에 순응하면서 살아간다. 둘째, 그들이 존재하지 않는다고 주장하는 기준점들에 의지하면서 살아간다. 만일 그들이 자기의 사상에 따라 살아간다면 그들의 사상이 훨씬 더 높이 평가될 것이다. 하지만 그들은 오히려 자신들의 사상에 따라 살지 않으려고 노력한다. 머리로는 자신의 사상을 받아들이지만 삶에서는 받아들이지 않으며, 실제의 삶에서는 자기의 사상을 거부하고 다른 사람들처럼 살아간다.

그리스도인은 진지하기 때문에 사상을 가지고 장난치지 않는다. 남들의 이목을 끄는 희한한 거미집을 만들어 자기를 과시하는 것에서 즐거움을 느끼지 않는다. 그의 모든 신념은 실제적이다. 그리고 신념을 철저히 실천한다. 이 세상이나 내세에서 자기의 신념 때문에 살기도 하고 죽기도 하며, 일어서기도 하고 쓰러지기도 한다. 진지하지 않은 사람은 상대하지 않는다.

진지하고 솔직한 사람은 세상이 실제로 존재한다고 믿는다. 그가 잠들었다 깨어나면 세상이 자기 앞에 있다는 걸 인정한다. 존재하지도 않는 세상을 자기의 생각으로 만들어냈다고 믿지 않는다. 그가 태어날 때 이 세상은 그를 기다리고 있었다. 그가 이 세상의 삶을 마치고 떠나려 할 때에도 세상이 그에게 작별 인사를 하려고 여전히 이곳에 있을 거라는 걸 그는 잘 안다.

이 사람은 인생의 깊은 지혜를 가졌기에 의심하는 천 명의 사람보다 더 지혜롭다. 그는 자신의 얼굴을 스치는 바람과 빗방울을 느끼기 때문에 그것들이 실재한다는 걸 안다. 낮에는 해가 보이고 밤에는 별이 보인다. 짙은 뇌운(雷雲)에서 내리치는 번개가 보인다. 자연의 소리가 들리고, 사람들의 즐거운 환성과 고통의 부르짖음이 들린다. 이 모든 것이 실재한다는 걸 그는 잘 안다. 밤에 잠자리에 누우면서 '잠자는 동안 땅이 사라지면 어떻게 하나' 걱정하지 않는다. 다음 날 아침에 일어나면 단단한 땅이 아래에, 파란 하늘이 위에, 나무와 바위가 주변에 그대로 있다. 전날 밤 눈을 감았을 때처럼 말이다. 이 사람은 실재의 세계 안에 살면서 즐거워한다.

그는 오감을 통해 실재의 세계와 소통한다. 육체적 생존에 필요한 모든 것을 이해하고 파악하기 위해 사용하는 정신적 기능들은 그를 창조하시고 이와 같은 세상에 있게 하신 하나님께서 주신 것이다.

우리가 살펴본 실재의 개념에 의해 판단할 때 하나님은 분명히 실재하신다. 그분의 실재성(實在性)은 절대적이고 최종적이다. 다른 어떤 존재에게도 그런 실재성은 없다. 다른 모든 실재는 그분에게 의존한다. 궁극적 실재는 그분뿐이시다. 그분은 우리 인간을 포함해 모든 피조세계를 이루고 있는 '하등적(下等的) 의존적 실재들'을 만든 분이시다. 우리가 그분에 대해 어떤 개념을 갖더라도 그것과 관계없이 그분은 객관적으로 존재하신다. 존재하지도 않는 하나님을 예배자가 마음속으로 만들어내는 것이 아니다. 영적 죽음의 잠에서 깨어나 중생(重生)의 아침을 맞이할 때, 예배자는 그전부터 이미 이 세상에 계신 그분을 발견한다.

믿음은 상상이 아니다

우리가 정리해야 할 또 하나의 단어는 '의지(依支)하다'이다. 이것은 머릿속에 그리는 것, 즉 상상에 기초를 두지 않는다. 상상은 믿음이 아니다. 상상과 믿음은 서로 다를 뿐만 아니라 극명하게 반대된다. 상상은 존재하지 않는 것을 생각으로 만들어낸 후 그것이 존재한다고 믿는 것이다. 그러나 믿음은 없는 것을 만들어내지 않는다. 이미 존재하는 것을 의지하는 것이 믿음이다.

하나님과 영적 세계는 실재한다. 그렇기에 우리가 그분과 영적 세계를 의지하는 것이 가능하다. 눈에 보이는 주변 세계에 그렇게 할 때처럼 확신 가운데 이루어질 수 있는 일이다. 영적인 것들은 거기에 있으면서(좀 더 정확히 말하면, 여기에 있으면서) 우리의 관심과 믿음을 요구한다.

우리의 문제는 잘못된 생각의 훈련에 길들여졌다는 것이다. 눈에 보이는 세계는 실재한다고 생각하면서 나머지는 의심한다. 우리는 영적 세계의 존재를 부정하지 않지만, 그 세계가 일반적으로 받아들여지는 실재성의 의미에서 실재한다는 것은 의심한다.

감각의 세계는 밤낮으로 우리의 관심을 독차지하려는 시도를 포기하지 않는다. 이 세계는 시끄러운 소리를 내며 집요하게 그 모습을 드러낸다. 우리의 오감을 자꾸 자극하면서 "나를 최종적 실재로 받아들여라"라고 소리친다. 죄의 구름에 덮인 우리 마음의 눈은 '저 다른 실재'(하나님의 도성)가 우리 주변에서 빛을 발하고 있는 걸 보지 못한다. 그러다 보니 감각의 세계가 승리한다. 눈에 보이는 것이 눈에 보이지 않는 것의 원수가 되었고, 시간적인 것이 영원한 것의 적이 되어버렸다. 비극에 빠진 아담의 모든 후손이 이런 저주스런 것을 물려받았다.

그러나 그리스도인의 삶의 뿌리에는 보이지 않는 것에 대한 믿음이 있다. 그의 믿음의 대상은 보이지 않는 실재이다.

보이는 것들이 도처에서 우리에게 영향을 끼치고 있고, 또 우리의 육신적 마음이 앞을 보지 못하기 때문에 우리의 생각은 오류에 물들어 있다. 그 결과, 영적인 것과 실재적인 것을 서로 극과 극으로 생각하는 버릇이 우리에게 생겼다. 하지만 영적인 것과 실재적인 것 사이에는 대립이 없다. 진짜 대립은 다른 데 있다. 실재와 상상 사이에, 영적인 것과 물질적인 것 사이에, 시간적인 것과 영원한 것 사이에 있다. 영적인 것은 실재한다.

어느 세계를 선택할 것인가

진리의 성경을 통해 우리에게 분명히 손짓하는 '저 빛과 능력의 세계'에 이르기를 원하는가? 그렇다면 영적인 것을 무시하는 악한 습관부터 버려라. 우리는 보이는 것에서 보이지 않는 것으로 관심을 돌려야 한다. '보이지 않는 큰 실재'가 바로 하나님이시기 때문이다. 성경은 "하나님께 나아가는 자는 반드시 그가 계신 것과 또한 그가 자기를 찾는 자들에게 상 주시는 이심을 믿어야 할지니라"(히 11:6)라고 가르친다. 이것이 믿음생활의 기초이다. 이 기초에서 시작해 오르기 시작하면 지극히 높은 저 곳까지 이를 수 있다. 우리 주 예수 그리스도께서는 "하나님을 믿으니 또 나를 믿으라"(요 14:1)라고 말씀하셨다. 먼저 하나님을 믿지 않고는 예수님을 믿을 수 없다.

하나님을 진정으로 따르기 원한다면, 내세 지향적인 사람이 되려고 힘써야 한다. 물론, 나는 세상 사람들이 '내세'라는 말을 경멸의 뜻으로 사용해 왔다는 걸 잘 안다. 그들은 그리스도인을 비난하는 뜻으로 이 말을 사용해 왔다. 좋다! 하지만 사람은 누구나 자기의 세계를 선택해야 한다. 그리스도를 따르는 우리는 세상의 일들과 우리의 지향점이 다르다는 것을 잘 알고 있다. 그렇기에 우리가 의도적으로 하나님의 나라를 관심의 영역으로 삼는 것은 전혀 비난받을 일이 아니다.

이런 선택으로 인해 무엇을 잃는다면 우리는 그 손실을 감당할 것이다. 반면, 이런 선택으로 인해 무엇을 얻는다 해도 우리가 누군가에게서 무엇을 빼앗는 것은 아니다. '내세'라는 말은 이 세상에서 경멸의 대상이 되었고, 술주정꾼의 조롱의 노래에 등장한다. 그러나 우리는 내세를 소중한 목표로 선택했고, 가장 거룩한 동경의 대상으로 삼는다.

여기서 우리가 자주 범하는 실수가 있다. 그것은 내세를 미래의 일로 치부해 버리는 것이다. 내세는 미래의 것이 아니라 현재의 것이다. 내세는 우리에게 친숙한 '눈에 보이는 세계'와 나란히 가며, 이 두 세계 사이의 문은 열려 있다. "그러나 너희가 이른 곳은"이라는 표현으로 시작되는 히브리서 기자의 말은 다음과 같이 분명히 현재시제로 기록되어 있다.

"그러나 너희가 이른 곳은 시온산과 살아 계신 하나님의 도성인 하늘의 예루살렘과 천만 천사와 하늘에 기록된 장자들의 모임과 교회와 만민의 심판자이신 하나님과 및 온전하게 된 의인의 영들과 새 언약의 중보자이신 예수와 및 아벨의 피보다 더 나은 것을 말하는 뿌린 피니라"(히 12:22-24).

이 구절이 말하는 모든 것은 "만질 수 있고 불이 붙는 산"(히 12:18) 및 "[귀에 들릴 수도 있는] 나팔 소리와 말하는 소리"(히 12:19)와 대조를 이룬다. 시내산의 실재가 오감에 의해 포착되었듯이 시온산의 실재가 영혼에 의해 포착될 수 있다고 말해도 무방할 것이다.

이런 영혼의 작용은 교묘한 상상력을 통해서 일어나는 것이 아니라 거짓 없는 현실감각을 통해 일어난다. 영혼은 볼 수 있는 눈과 들을 수 있는 귀를 갖고 있다. 이 눈과 귀가 오랫동안 사용되지 않았기 때문에 많이 약해져 있겠지만, 생명을 주시는 그리스도의 손길이 닿으면 다시 살아나 밝히 보고 분명히 들을 수 있게 된다.

하나님께 관심을 온전히 집중하면 영적인 것들이 내면의 눈 앞에 그 모습을 드러낼 것이다. 하나님은 그리스도의 말씀에 순종하는 자의 내면에 찾아가 스스로를 나타내실 것이다(요

14:21-23). 마음이 깨끗한 자가 하나님을 볼 것이라는 말씀처럼, 그분의 말씀에 순종하는 자는 영적 지각(知覺)이 밝아져 그분을 보게 될 것이다. 그러면 새로운 '하나님 의식(意識)'으로 충만해질 것이고, 우리의 생명이요 모든 것이 되시는 그분을 맛보고 듣고 내적으로 느끼게 될 것이다. "참 빛 곧 세상에 와서 각 사람에게 비추는 빛"(요 1:9)이 끊임없이 우리에게 비출 것이다. 우리의 영적 지각은 더욱 예민해지고 확실해질 것이며, 하나님이 우리의 모든 것이 되어 주실 것이고, 그분의 임재가 우리 삶의 영광과 기이함이 될 것이다.

오, 하나님! 제가 영원한 것들을 붙들도록 제 안의 모든 능력을 되살려주십시오. 제 눈을 열어 보게 해주십시오. 예민한 영적 지각을 허락해주십시오. 당신을 맛보고 당신의 선하심을 알 수 있는 능력을 주십시오. 이제까지 경험했던 이 세상의 어떤 것보다 천국이 더욱 확실한 실재로 느껴지게 해주십시오. 아멘.

더 깊은 묵상을 위한 질문들

1 토저가 지적하듯이, 하나님의 실재를 알지 못하는 그리스도인들은 하나의 관념을 사랑하고 단순한 원리에 충실하려 애쓰면서 평생을 보낸다. 그들은 하나님의 선하심을 맛보고 그분을 인격적으로 체험하는 것이 무엇인지 알지 못하며, 그들의 삶에서는 능력과 거룩한 기쁨이 나타나지 않는다. 우리가 하나님 아버지와 습관적이고 의식적(意識的)인 교제를 나누지 못하는 이유는 무엇인가? 이 문제를 어떻게 해결할 수 있는가?

2 토저는 "영적인 일들에 대해 예민하지 못하고 무감각한 것은 '고장 난 믿음'을 말해 주는 분명한 증거이다"라고 지적한다. 당신의 '고장 난 믿음'을 말해주는 다른 몇 가지 증거를 나열해보라. 그리고 지난 6개월 동안 어떤 점에서 영적으로 문제가 있었는지를 자문해보라.

3 최고의 실재는 하나님이시며, 다른 모든 실재들은 그분에게 의존한다. 이 진리를 받아들이고 일상생활에 적용해 변화를 일으키려면 어떻게 해야 하는가?

4 신자로서 "우리는 영적인 것을 무시하는 악한 습관을 버려야 한다". 토저는 우리의 관심이 눈에 보이는 것들에서 보이지 않는 실재(하나님)로 바뀌어야 한다고 요구한다. 이런 변화를 이루기 위한 작은 실천 사항들에는 어떤 것이 있는가?

5 이 장(章)에서 토저는 새로운 하나님 의식을 발선시키라고 권한다. 죄, 불순종, 기도하지 않는 것, 다른 이들을 사랑하지 않는 것, 그리고 개인 성경공부를 하지 않는 것이 '하나님 의식'에 어떤 영향을 미치는지를 깊이 생각해보라.

chapter 5
기대 없는 믿음은 죽은 것이다

기대와 믿음은 유사하지만 동일한 것은 아니다. 제대로 배운 그리스도인은 이 두 가지를 혼동하지 않을 것이다. 참된 믿음은 홀로 존재하지 않는다. 그것에는 언제나 기대감이 동행한다. 하나님의 약속을 믿는 사람은 그 약속의 성취를 보기 원한다. 그러므로 기대가 없는 곳에는 믿음도 없다.

그러나 믿음이 없는 곳에 기대만 존재하는 것은 가능하다. 강한 욕망을 믿음이라고 착각하는 일이 얼마든지 일어날 수 있기 때문이다. 실제로 많은 이들에게 있어서 믿음은 '기분 좋은 낙관주의와 혼합된 욕망'에 지나지 않는다. 부정적 사고를 쫓아내고 긍정적 사고를 길러주는 신앙을 권장하는 책을 써서 편히 먹고 사는 저술가들이 있다(이런 믿음을 믿음이라고 불러야 할지 모르겠다). 청산유수 같은 그들의 말에서 큰 위로를 얻는 사람들이 있는데, 그런 사람들은 믿음을 가져야 한다는 심리적 압박에 시달리면서 힘든 현실을 잊으려 애쓰며 하루하루 살아간다.

꿈이나 꾸고 있는 것은 참된 믿음이 아니다. 참된 믿음은 실제적이고, 완전히 현실적이며, 때로는 힘든 것이다. 믿음이 '눈에 보이지 않는 것'을 보는 것은 맞지만, 그렇다고 해서 '존재하지 않는 것'을 보는 것은 아니다. 믿음은 하나님, 즉 '실재(實在) 자체'이신 분을 상대로 이루어지는 것이다. 그분은 만유를 존재하게 하셨고, 또 존재하게 하신다. 그분의 약속은 허상이 아닌 실상을 상대한다. 그분의 약속을 믿는 사람은 허구의 세계가 아닌 실재의 세계로 들어간다.

일상적인 체험의 세계에서는 관찰에 의해 진실을 알게 된다. 실험을 통해 입증된 것이 진리로 간주되는 것이 지금의 현실이다. 인간은 자신의 오감(五感)이 전해주는 것을 믿는다. 어떤 짐승이 오리처럼 걷고 오리처럼 보이고 오리처럼 꽥꽥 소리를 낸다면 오리일 개연성이 아주 높다고 본다. 그것이 낳은 알을 부화시켜 새끼 오리를 얻으면 실험은 거의 완성 단계에 이른다. 개연성의 단계를 넘어 확실성의 단계에 이른 것이다. 그것은 오리이다. 자연세계에 대해 이런 방법으로 확인하는 것은 정당하다. 누구나 이런 방법을 받아들이므로 누구도 이에 대해 불평하지 않는다. 이것이 이 세상이 문제들을 해결해 나가는 방법이다.

그러나 믿음은 근본적으로 다른 요소를 우리의 삶 속에 도입한다. '믿음을 통해 인식한다'라는 말에서도 알 수 있듯이, 믿음은 인식의 단계를 한 차원 끌어올린다. 믿음은 하늘로부터 계시된 사실들을 다루는데, 이런 사실들은 본질상 과학적 실험에 반응하지 않는다. 그리스도인이 어떤 것을 참되다고 믿는 것은 경험을 통해 검증했기 때문이 아니라 하나님이 말씀하셨기 때문이다. 그의 기대감은 하나님의 품성을 믿고 의지하는 데서 생긴다.

교회의 능력이 지극히 컸을 때, 교회 안에는 늘 기대감이 있었다. 교회에 믿음이 있을 때, 교회에는 기대감이 있었고 주님은 교회를 실망시키지 않으셨다.

"주께서 하신 말씀이 반드시 이루어지리라고 믿은 그 여자에게 복이 있도다"(눅 1:45).

역사 속에 나타난 모든 하나님의 큰일, 교회의 모든 큰 진보, 모든 부흥들이 일어나기 전에는 반드시 강렬한 기대감이 있었다. 기대감은 언제나 성령의 일하심과 함께 일어났다. 성령의 사람들은 그분께 선물을 받았을 때 거의 놀라지 않았다. 부활의 주님을 계속 바라보며 그분의 말씀의 성취를 믿음으로 고대해왔기 때문이다. 그분이 주신 복은 그들의 기대와 정확히 부합했다.

오늘날 교회들의 한 가지 특징은 기대감이 없다는 것이다. 그리스도인들이 모여도 어떤 특별한 일이 일어날 것이라는 기대감이 없다. 그러니 평범한 일들만 일어나는데, 그런 것들은 저녁에 해가 지는 것만큼이나 예상 가능한 일이다. '아무것도 기대하지 않는 심리'가 회중에게 팽배하기 때문에 권태의 분위기가 은은히 흐르고, 목회자는 다양한 방법을 통해 분위기를 바꾸려고 시도한다. 물론 권태 해소의 방법은 회중의 문화적 수준, 특히 목회자의 문화적 수준에 따라 결정된다.

어떤 목회자는 유머를 구사한다. 또 어떤 목회자는 청중의 견해를 둘로 갈라놓는 사회적 현안을 화제로 삼는다. 예를 들면, '불소화(弗素化) 사업'(충치예방을 위해 수돗물에 불소를 넣는 것)이나 사형제도나 주일 스포츠 같은 것 말이다. 하지만 자기에게 유머감각이 부족하다는 겸손한 생각을 가진 목회자나 현안 논쟁의 어느 편에 서는 것이 안전한지조차 모르는 설교자는 회중의 기대감을 불러일으키기 위해 다음과 같은 각종 행사의 광고에 열을 올릴 것이다. 치킨-인-어-배스킷 레스토랑에서 다음 주 목요일 저녁에 열리는 남성을 위한 연회(宴會); 기혼남자 팀과 미혼남자 팀이 겨루는 스릴 넘치는 게임이 순서에 들어있는 피크닉(이 게임의 결과를 예측해 달라는 부탁이 있으면 익살맞은 목회자는 짐짓 부끄러운 체하면서 예측을 사양할 것이다); 가까운 시일에 일반에게 공개될 예정인 새 종교영화의 시사회(이런 종교영화는 섹스와 폭력과 거짓 철학으로 가득 차 있으면서도, "거듭난 사람이어야 이 영화에서 기쁨을 맛볼 수 있습니다"라는 그럴듯한 충고나 맥 빠진 도덕적 교훈으로 양념을 쳐 놓는다).

이런 식으로 성도들의 교회활동을 기획하는 지도자들은 그들을 마땅히 더 유익한 것으로 이끌어야 함에도 불구하고 그렇게 하지 못한다. 지도자들은 교인 중 믿음이 깊은 사람들까지 이런 싸구려 행사로 끌어들이기 위해 광고 끝에 소위 '신앙적 어휘'를 몇 개 덧붙이면서 '성도의 교제'라는 말로 포장한다. 그러나 이런 행사는 '성도의 교제'라는 말이 처음 사용되었던 시대의 성도들의 활동과는 유사점이 거의 없다.

그리스도인들은 교회에서 하나님의 약속이 아니라 교회의 프로그램을 향해 기대의 눈길을 보낸다. 일반적으로 퍼져 있는 낮은 영적 상태를 자포자기식으로 그냥 받아들인 것이다. 이제까지의 상태가 미래에도 반복될 뿐이다. 따분하게 반복되는 것들의 굴레에서 벗어나지 못하는 지친 노예들은 개선의 가능성이 없다고 믿는다.

오늘날 필요한 것은 하나님의 약속들에 바탕을 둔 기대감을 새롭게 갖는 것이다. 우리는 기대감이 사라진 작금의 분위기에 대항해 전쟁을 선포하고 어린아이같이 순전한 믿음으로 모여야 한다. 그럴 때 비로소 우리 가운데 계신 주님의 임재의 아름다움과 기이함을 다시 알게 될 것이다.

더 깊은 묵상을 위한 질문들

1. "참된 신앙은 홀로 존재하지 않는다. 그것에는 언제나 기대감이 동행한다." 만일 어떤 사람이 하나님의 약속이나 그 약속의 기초가 되는 그분의 품성에 근거해 믿음에 서 있다면, 하나님께서 그에게 응답하시고 약속대로 행하실 것이라는 기대감을 가질 것이다. 그렇다면 믿음으로 충만한 기대감을 허무는 것은 주로 어떤 것들인가? 기대감이 사라지는 것을 막으려면 어떤 면의 변화가 필요한가?

2. "믿음이 '눈에 보이지 않는 것'을 보는 것은 맞지만, 그렇다고 해서 '존재하지 않는 것'을 보는 것은 아니다. 믿음은 하나님, 즉 '실재 자체'이신 분을 상대로 이루어지는 것이다." 1등급부터 10등급까지 표를 만들어 지난 한 주 동안 당신과 하나님 사이의 교제가 몇 등급에 속하는지 판정해보라. 어떤 면에서 다르게 행동했더라면 당신의 등급이 올라갔을 것이라 생각하는가?

3. 그리스도인의 기대감은 하나님의 품성을 믿고 의지하는 데서 나와야 한다. 그분의 품성에 대한 믿음을 강하게 하려면 어떻게 해야 하는가? 이 질문에 대해 나름대로 대답을 얻었다면 그것을 삶에서 실천해보라.

4. "그리스도인들은 교회에서 하나님의 약속이 아니라 교회의 프로그램을 향해 기대의 눈길을 보낸다." 만일 이런 경향이 우리 교회에서 발견된다면, 어떤 방법을 사용해야 신자들의 믿음을 지켜줄 수 있을까?

5. "오늘날 필요한 것은 하나님의 약속들에 바탕을 둔 기대감을 새롭게 갖는 것이다. 우리는 기대감이 사라진 작금의 분위기에 대항해 전쟁을 선포하고 어린아이같이 순전한 믿음으로 모여야 한다. 그럴 때 비로소 우리 가운데 계신 주님의 임재의 아름다움과 기이함을 다시 알게 될 것이다." 당신 자신과 당신의 복음증거에 이 말이 어떻게 적용되어야 할지를 깊이 묵상해보라.

Fiery Faith

2
믿음은 시작점이다

chapter 6

흔들림 없이 가야 할
신앙 여정

> 그들이 사도의 가르침을 받아 서로 교제하고 떡을 떼며 오로지 기도하기를 힘쓰니라 행 2:42

이 구절은 오순절 날 베드로의 설교를 듣고 말씀을 받아 세례를 받은 수천 명이 어떤 행위를 보였는지를 중언하는 누가의 기록이다.

초대교회 그리스도인들에게 있어서 회심은 도착지점이 아니라 여정의 시작점이었다. 이 점을 분명히 강조하는 성경의 관점은 우리의 관점과 너무나 다르다.

오늘날 우리는 '처음에 믿음을 갖는 것'에 사활을 건다. 인생의 어떤 시점에 그리스도를 받아들이는 결단을 내리기만 하면 그 후에는 모든 것이 자동적으로 흘러간다고 보는 것이다. 물론 이런 관점을 말로 표현하지는 않지만, 부지중에 이런 인상을 사람들에게 심어주는 것은 사실이다. 이렇게 된 이유는 전도할 때 성경의 관점을 강조하지 않기 때문이다. 복음주의교회에 속한 우리는 거의 모두가 그리스도인의 삶에 대해 이런 편향된 시각을 갖고 있다. 이처럼 기초가 삐딱하게 놓였기 때문에 하나님의 성전이 위험스럽게 기울어져 있다. 즉시 바로잡지 않으면 곧 쓰러질 것이다.

우리는 불신자를 회심시켜야 한다는 열정에 너무 사로잡힌 나머지 믿음을 갖기만 하면 신앙인의 모든 책임이 영원히, 단번에 해결된다는 개념을 사람들에게 심어준다. 어떻게 보면 이것이 하나님의 은혜를 높이고 그분께 영광을 돌리는 것 같지만, 다른 한편으로는 그리스도를 '사용 불가능한, 기괴한 믿음'의 창시자로 만들어버린다. 물론, 이런 이상한 믿음은 진리의 성경이 가르치는 믿음이 아니다.

사도행전의 기록에 의하면, 신자들에게 있어서 믿음은 끝이 아니라 시작이었다. 신앙은 침대에 편히 누워 주님의 승리의 날을 기다리는 것이 아니라 힘든 여행길을 가는 것이었다. 믿음은 한 번에 해치우는 일이 아니었다. 단순한 행위의 문제만도 아니었다. 믿음은 신자로 하여금 십자가를 지고 어린양의 인도에 따라 어디든지 갈 수 있도록 감동과 능력을 주는 마음과 생각의 태도였다.

누가는 "그들이 사도의 가르침을 받아 서로 교제하고 떡을 떼며 오로지 기도하기를 '계속하니라'"(행 2:42. '계속하니라'가 개역개정판 한글성경에는 '힘쓰니라'로 번역되어 있다-역자 주)라고 말한다. 여기서 분명한 것은 그들이 믿음생활을 '계속했기 때문에' 믿음을 굳게 할 수 있었다는 것이다. 어느 날 그들은 믿었고, 세례를 받았으며, 믿음의 공동체로 들어왔다. 좋다! 그런데 그 다음 날은? 또 그 다음 날은? 그 다음 주는? 그들의 회심이 진짜라는 것을 사람들이 어떻게 알 수 있었을까? 그들의 결신(決信)이 어떤 강압에 의한 것이라는 비판을 잠재우기 위해서는 그들의 삶이 어떤 모습을 보여야 했을까? 종교적 흥분과 군중심리에 압도되어 믿음을 선택한 것이 아니었음을 보여주려면 어떻게 해야 했을까? 방법은 단 하나뿐, 믿음의 길을 계속 가는 것이었다!

굴하지 않는 믿음으로 나아가라

그들은 단순히 믿음의 길을 간 것이 아니라 '흔들림 없이' 갔다. 누가가 사도행전 2장 42절에 '흔들림 없이'라는 표현을 집어넣은 것은 심한 반대에 굴하지 않고 믿음의 길을 계속 갔다는 것을 말하기 위함이다('흔들림 없이'는 KJV에 나오는 표현이다-역자 주). 만일 정신적 또는 육체적 핍박이 없었다면 누가가 굳이 '흔들림 없이'라는 말을 사용하지 않았을 것이다. 초대교회 그리스도인들의 이야기는 불같은 시련과 싸운 믿음의 이야기이다. 그들에게 고난은 그들이 실제로 당면한 현실이었다.

여기서 또 한 번 성경의 그리스도인들과 오늘날의 복음주의자들, 특히 미국의 복음주의자들 사이의 극명한 차이가 확연히 드러난다. 내가 들은 바에 의하면, 지금도 어떤 나라들에서는 믿음의 형제들이 극심한 박해의 고통 가운데 있다고 한다. 하지만 그들은 그리스도를 얻기 위해 자신의 생명을 귀한 것으로 여기지 않는다. 그들의 믿음은 내게 아주 큰 감동을 준다. 그러나 지금 내가 문제 삼는 사람들은 그들 같은 믿음의 용사들이 아니라, 복음주의의 울타리 안에서 무수히 발견되는 신앙의 약골들이다.

믿음의 길에 놓여 있는 어려움에 대해서는 거의 언급하지 않고 그리스도인이 누리는 마음의 평안과 세상적 성공을 강조해야 회심자를 얻을 수 있다는 생각이 널리 퍼져 있다. 우리는 전도대상자에게 "기독교는 품격 있고 존경스런 것입니다. 그리스도께서는 유명한 정치인, 돈 많은 경제계 거물, 할리우드에서 호화 수영장을 갖추고 사는 사람들에게 아주 인기 있는 분이십니다"라고 확신시키려고 안달이다.

지옥에 가야 마땅한 죄인들이 이런 말에 홀딱 넘어가 그리스도를 영접하겠다고 떼를 지어 교회로 몰려든다. 자기들이 원하는 것을 얻을 수 있다고 믿기 때문에 그렇게 몰려드는 것이다. 자신이 진지하다는 것을 증명하기 위해 때로는 눈물을 찔끔 흘리기도 하지만, 도저히 숨길 수 없는 것이 있다. 그것은 그들 대부분이 영광의 주님께 선심이라도 쓰듯이 생색을 낸다는 것이다. 나중에 유산(遺産)의 떡고물이라도 얻겠다는 의도로 젊은 부부가 늙고 재미없는 부자 삼촌 앞에서 아양을 떠는 것과 다를 바 없다.

복음의 진실을 감추지 마라

전도대상자에게 완전히 솔직해지려면 진실을 적나라하게 말해주는 수밖에 없다. 그들이 현재, 앞으로도 쉽게 빠져나오기 힘든 매우 큰 곤경에 처한 도덕적 반역자의 무리에 속해 있다는 것이 그 진실의 한 측면이다. 회개하고 그리스도를 믿지 않으면 멸망할 수밖에 없다는 것이다. 반면, 회개하고 그리스도를 믿으면 그분을 십자가에 못 박은 원수들에 의해 십자가에 못 박히리라는 것이 그 진실의 또 다른 측면이다. 전자는 소망 없이 혼자 고통 받는 길이다. 그러나 후자는 그리스도와 함께 잠시 고난을 받지만 고난 중에도 그분께 사랑의 위로와 영적 도움을 받아 오히려 즐거워하게 되는 길이다.

초대교회 신자들은 그들이 따르는 '인기 없는 대의' 때문에 모든 것을 잃을 수 있다는 걸 충분히 알면서도 그리스도께로 돌이켰다. 일단 그분을 따르기 시작하면 언제든지 생명과 자유까지 빼앗길 수 있는 미움 받는 소수의 무리에 속하게 된다는 걸 잘 알았다.

이것은 말로만 떠도는 이야기가 아니다. 실제로 오순절 직후 어떤 신자들은 투옥되었고, 많은 이들이 세상의 재물을 잃었으며, 소수는 즉시 죽임을 당했고, 수많은 이들이 박해를 피해 널리 흩어졌다(행 8:1).

만일 그들이 믿음을 부인하고 세상으로 돌아가는 편한 방법을 택했더라면 이런 모든 고난을 피했겠지만, 실제로는 그 편한 방법을 '흔들림 없이' 거부했다.

한 번 비교해보자. 이 시대의 복음주의가 1세기의 기독교와 동일한가? 글쎄, 적어도 나는 그 대답을 알 것 같다.

더 깊은 묵상을 위한 질문들

1. 토저는 "신앙은 침대에 편히 누워 주님의 승리의 날을 기다리는 것이 아니라 힘든 여행길을 가는 것이었다"라고 말한다. 시간을 내어 당신의 영적 여행에 대해 깊이 생각해보고, "하나님, 제가 이 매력적인 여행을 '침대에 편히 누워 주님의 승리의 날을 기다리는 것'으로 간주하는 측면이 더 많지는 않았습니까?"라고 여쭈어보라. 만일 주님이 지적해주시는 부분이 있다면, 그 죄를 인정하라. 그리고 그분의 도움에 의지해 믿음을 새롭게 하라.

2. 우리가 날마다의 영적 여행을 '흔들림 없이' 계속 가면 하나님을 향한 믿음이 굳세고 강해진다. 신자가 그의 이름에 부끄럽지 않게 행하면 좌절, 실패, 낙심, 오해, 중상모략, 주변의 반대 같은 것에 직면할 것이다. 이런 것들에 어떻게 반응하는가 하는 것이 믿음의 능력을 평가하는 척도가 된다. 당신에게 이런 것들이 긍정적으로 작용하게 하려면 어떻게 했어야 했다고 생각하는가?

3. 믿음으로 사는 것이 하나의 긴 여행이라는 걸 깨달은 사람이라 할지라도 영적 싸움과 고민을 피하고, 우리의 노력과 행운의 결실을 독차지하며, 힘든 일은 다른 이들에게 미루려는 죄에 빠지기 쉽다. 이런 자세가 영적 여행에 해로운 이유는 무엇인가? 이런 유혹이 어떤 부분들에서 당신에게 찾아왔는가?

4. "초대교회 신자들은 그들이 따르는 '인기 없는 대의' 때문에 모든 것을 잃을 수 있다는 걸 충분히 알면서도 그리스도께로 돌이켰다." 믿음 때문에 시련이나 핍박을 당해본 적이 있는가? 그리스도를 믿는다는 이유 때문에 일자리나 좋은 기회를 놓친 적이 있는가? 그때의 충격이 당신의 믿음에 어떤 영향을 주었는가?

chapter 7

당혹감을 안겨주는
믿음

초기 루터교 신자들은 말했다.

"믿음은 당혹감을 안겨주는 것이다."

하나님의 도움에 힘입어 '이신칭의'(以信稱義)라는 성경의 교리를 재발견한 공로는 루터에게 돌아간다. '죄로부터 건짐 받고 마음의 평안을 얻을 수 있는 유일한 길이 믿음'이라는 루터의 역설(力說)은 죽어가던 교회에 새로운 활력을 불어넣어 종교개혁을 일으켰다. 이것은 분명한 역사적 사실이다. 주관적 견해의 문제가 아니라 단순한 사실의 문제이다. 누구라도 확인할 수 있는 사실이다.

그러나 루터 이후, 그가 가르친 이신칭의의 교리에 무엇인가 변화가 생겼다. 그 변화를 알아채는 것이 쉽지는 않다. 그것은 단순한 사실의 문제가 아니다. 즉, '예'나 '아니오'의 문제이거나 명백한 흑백의 문제가 아니다. 그보다 훨씬 더 미묘하기 때문에 쉽게 감지되지 않는다. 하지만 이 변화는 복음주의자들의 관점을 바꾸어왔거나 바꾸고 있기 때문에 아주 심각하고 중요한 문제로 취급되어야 한다. 이 변화가 끝까지 진행된다면 기독교를 뒤집어버리고 믿음의 조상들의 신앙을 완전히 변질시킬 것이다. 이런 일은 아주 점진적으로 진행되고 무해한 것처럼 보이기 때문에 감지하기가 매우 어렵다. 이런 변화에 대항해 싸우는 사람은 돈 키호테처럼 풍차를 상대로 마상창시합(馬上槍試合)을 한다는 비난을 받게 될 것이다.

바울과 루터의 신앙은 혁명적인 것이었다. 그 신앙은 그들의 삶 전체를 뒤집어엎었을 뿐 아니라 완전히 사로잡아 그리스도께 복종하게 했고, 그들을 완전히 다른 사람으로 만들었다. 그들은 다시 과거로 돌아가겠다는 생각은 전혀 없이 온전히 그리스도를 따르며 십자가를 졌다. 과거에 좋아했던 모든 것들을 버렸고, 엘리야가 불수레에 올라 회오리바람을 타고 떠난 것처럼 그것들과 확실히 이별했다.

그 신앙은 과거로 돌이키는 일을 불가능하게 만들었고, 그들의 마음을 영원한 올가미로 묶어버렸다. 그들을 사로잡아 그 순간부터 주님을 사랑하는 종의 행복한 삶을 살게 했다. 땅을 사막으로 만들었고, 믿음의 눈으로 천국을 보게 했다.

삶의 모든 행위를 다시 정렬해 하나님의 뜻에 일치하게 만들었다. 진리의 정상(頂上)에 서서 삶의 모든 경험을 영적 관점에서 해석하게 해주었다. 그들을 작은 존재로, 하나님을 크신 분으로, 그리스도를 무한히 소중한 분으로 보게 만들었다. 이와 같은 일들, 아니 그 밖의 여러 가지 일들이 이신칭의의 믿음을 가진 사람들에게 일어났다.

그러나 변화는 조용하고 확실하게 찾아와 '믿음'이라는 단어 위에 이상한 것들을 덧붙였고, 이 말의 모든 의미는 점점 바뀌어갔다. 이 변화는 아주 은밀히 진행되었기 때문에 그것에 대해 경고하는 목소리는 거의 들리지 않았고, 그 비극적 결과는 이제 우리 주변에 널리 퍼져 있다.

이제 믿음은 성경과 그리스도의 십자가를 수동적으로 묵묵히 받아들이는 도덕적 신대으로 변질되고 말았다. 한쪽 무릎을 꿇은 채 구령(救靈)의 열정으로 가득 찬 전도자의 가르침에 동의한다고 고개를 끄덕이기만 하면 믿음이 있는 사람으로 간주되는 것이 지금의 교회 분위기이다. 이런 사람이 느끼는 것은 실력 있다는 명의에게 진료를 받고 돌아온 사람의 감정과 매우 흡사하다. 명의를 만나고 온 사람은 왠지 몸이 좋아진 것 같다고 느끼면서 살짝 수줍은 미소를 짓고 "내 몸에는 아무 이상이 없었는데 괜한 걱정을 했네"라고 중얼거린다. 그리고 좀 쉬면 좋아질 거라고 생각한다.

이런 식의 믿음은 사람을 기분 좋게 위로해줄 뿐, 당황하게 하지 않는다. 고관절을 빼서 바닥에 털퍼덕 주저앉게 하지 못한다. 오히려 심호흡을 하는 법을 가르쳐주고 자세를 똑바로 세워준다. 자아의 얼굴을 깨끗이 씻고, 낙심을 극복하며, 자신감을 회복하게 해준다. 이런 믿음의 소유자는 이런 모든 것들을 얻지만 야곱처럼 새 이름을 얻지는 못한다. 다리를 절며 영원한 햇빛 속으로 걸어 들어가지 못한다.

"그[야곱]가 브니엘을 지날 때에 해가 돋았고 그의 허벅다리로 말미암아 절었더라"(창 32:31).

그렇다! 야곱은 그렇게 했다. 아니, 정확히 말하면 이스라엘(야곱의 새 이름)은 그렇게 했다. 사실, 야곱에게는 햇빛이 많이 비치지 않았다. 햇빛은 야곱에게 비추는 것을 부끄러워했지만, 하나님께서 변화시키신 사람의 머리 위에는 얼마든지 비추기를 원했다.

이 시대의 그리스도인들은 '당혹감을 안겨주는 믿음'에 대해 다시 들어야 한다. 기독교는 심심풀이로 만지작거릴 만한 것이 결코 아니라는 외침을 사람들이 들어야 한다. 그리스도를 믿는 믿음은 그 믿음의 소유자를 완전히 지배해야 한다. 그렇지 않다면 그 믿음은 그와 아무 관계없는 것이다. 시험 삼아 살짝 발을 담그는 사람은 아무것도 얻지 못한다. 믿음 때문에 너무 힘들어질 경우에 대비해서 탈출구를 은밀히 열어놓고 있는 사람에게는 능력이 주어지지 않는다. 다시는 과거로 돌아갈 수 없는 자리에까지 도달한 사람만이 참된 성경적 믿음의 소유자라는 확신을 가질 수 있다. 이런 사람은 평생 뒤를 돌아보지 않고 헌신의 길을 간다. 아무리 큰 유혹이 찾아와도 언제나 "주여 영생의 말씀이 주께 있사오니 우리가 누구에게로 가오리이까"(요 6:68)라는 태도로 반응한다.

더 깊은 묵상을 위한 질문들

1. 믿음으로 사는 길은 모든 행동과 생각을 그리스도에게 복종시키며 삶을 변화시켜야 하는 여정이다. 이 길에서 신자는 그리스도의 십자가를 져야 하고, 자신을 "작은 존재로, 하나님을 크신 분으로, 그리스도를 무한히 소중한 분"으로 여겨야 한다. 당신의 믿음은 어떤 상태인가? 신앙의 걸음걸이가 성경이 명한 길에서 벗어나 있다면 어떻게 다시 그 길로 돌아갈 수 있는가?

2. 토저의 말에 의하면, "믿음은 성경과 그리스도의 십자가를 수동적으로 묵묵히 받아들이는 도덕적 선택으로 변질되고 말았다". 토저가 지적하는 그릇된 신앙관이 오늘날의 신자 개인과 교회를 어떤 위험에 빠뜨리고 있는가? 전도할 때나 주변 사람들에게 간증할 때는 어떤 영향을 주는가?

3. "이 시대의 그리스도인들은 '당혹감을 안겨주는 믿음'에 대해 다시 들어야 한다." 당신이 출석하는 교회는 당신이 하나님을 더욱 신뢰하도록 자극을 주는가? 당신은 신앙적 도전을 줄 수 있는 다른 신자들과 만날 기회를 가지는가? 그리스도를 향한 믿음의 성장을 위한 다른 방법에는 어떤 것이 있는가?

4. 우리에게는 다른 선택의 여지가 없을 때에만 하나님을 믿고 의지하겠다는 경향이 있다. 그러나 그분 외의 다른 방법들은 가장 좋은 것을 우리에게 주시려는 그분의 방법과는 거리가 멀다. 당신이 하나님을 신뢰해야 하는 상황에 처했을 때 그분이 도와주시지 않을 경우에 대비해서 무의식적으로라도 의지했던 것이 있었는가? 그런 태도가 그분을 향한 참된 믿음에 해가 되는 이유는 무엇인가?

모조품 신앙에서 벗어나라

많은 그리스도인에게 있어서 그리스도는 거의 관념에 지나지 않으며 기껏해야 이상(理想)에 불과하다. 그들에게는 그분이 실재(實在)로 다가오시 않는다. 믿음을 고백하는 수백만의 신자들은 그분이 살아 계신 것처럼 말하지만, 실제로는 그분이 살아 계시지 않은 것처럼 행동한다. 우리의 진짜 상태를 드러내는 것은 말이 아니라 행동이다.

도피처를 붙드는 모조품 신앙

믿음을 증명할 수 있는 길은 믿음대로 완전히 헌신하는 것이다. 다른 방법은 없다. 어떤 신념이 그 신념의 소유자를 움직이지 못한다면 그것은 진짜 신념이 아니라 단지 '모조품 신념'에 지나지 않는다. 만일 우리가 갑자기 우리의 신념을 직시하게 되고 실제 삶의 고난 속에서 그것을 증명해야 한다면 어떤 이들은 깊은 충격에 빠질 것이다.

그런데 많은 그리스도인들은 기독교의 진리를 구체적으로 적용해야 하는 문제에 직면하더라도 전혀 당혹감을 느끼지 않을 만큼 아주 노련하게 생활을 이끌어나간다. 겉으로는 하나님의 도움을 구하는 모습을 보이면서도, 실제로는 그분의 도움 없이도 아주 잘 헤쳐 나갈 수 있도록 생활의 문제들을 노련하게 처리해 나간다. 입으로는 주님의 능력과 도움을 찬양하지만, 삶 속에서는 그분을 의지해야 할 상황에 아예 빠지지 않도록 미리 신경을 쓴다. 이런 교묘함에 대해 성경은 "만물보다 거짓되고 심히 부패한 것은 마음이라 누가 능히 이를 알리요마는"(렘 17:9)이라고 지적한다.

'모조품 신앙'은 하나님의 도움이 주어지지 않을 경우에 대비해 빠져나갈 길을 늘 준비해 놓는다. 반면, 참된 신앙은 오직 한 가지 길만을 안다. 다른 길, 즉 임시변통의 수단을 스스로 기꺼이 차단하고, 하나님의 도움이 없으면 완전히 망할 수밖에 없는 길을 선택한다. 분명히 기억하라! 아담이 처음으로 이 땅에 두 발을 디딘 이후 이제까지 하나님은 그분을 의지하는 사람을 단 한 번도 실망시키지 않으셨다.

모조품 신앙의 소유자는 말로 하는 신앙고백을 위해서는 힘써 싸우겠지만, 그 신앙고백의 진리에 자신의 미래를 맡겨야 하는 절박한 상황에 처하는 것은 필사적으로 거부한다. 그들은 언제나 '제2의 탈출구'를 마련해 놓는다. 혹시라도 지붕이 무너지면 빠져나가기 위함이다.

하나님 앞에 홀로 설 시간이 온다

오늘날 절실히 필요한 사람들은 마지막 날에 하나님을 의지해야 한다고 믿는 것만큼 지금도 실제로 그분을 온전히 의지하겠다고 결심하는 그리스도인들이다. 오로지 하나님 한 분 앞에 서야 할 때가 우리 각자에게 반드시 찾아올 것이다. 건강, 재물, 친구 그리고 도피처가 모두 사라지고, 오직 그분 앞에 홀로 서야 할 때가 올 것이다.

모조품 신앙으로 사는 사람들은 그때를 생각하면 두려움에 사로잡히겠지만, 진짜 신앙의 소유자는 그런 생각에서 가장 큰 위로를 받는다.

이 땅에서 하나님을 의지하지 않고 헛되이 인생을 보냈다는 사실을 오직 하나님 한 분 앞에 섰을 때에야 비로소 알게 된다면 얼마나 비극이겠는가! 그런 비극을 당하지 않으려면 지금 그분께 이렇게 기도해야 한다.

"하나님, 저의 모든 거짓 신뢰를 제거해주시고, 인간적인 은밀한 도피처를 모두 버리게 해주십시오. 제가 정말로 하나님을 의지하는 것인지 아닌지를 확인할 수 있도록 저를 밝고 환한 곳으로 인도해주십시오."

이런 방법은 아주 혹독한 것이지만 우리의 문제를 확실히 해결해준다. 이것보다 편하고 부드러운 방법은 너무 강도가 약해서 아무 효과가 없을 것이다. 시간은 점점 흐르고 있다. 이를 명심하라.

더 깊은 묵상을 위한 질문들

1 우리는 사람의 행동보다 그의 말에 더 주목하는 문화 속에 사는 것 같다. 토저가 지적하듯이 "믿음을 고백하는 수백만의 신자들은 그분이 살아 계신 것처럼 말하지만, 실제로는 그분이 살아 계시지 않은 것처럼 행동한다." 그분이 살아 계시지 않은 것처럼 행동하는 경우를 머리에 떠올려 보라. 믿는 자로서 어떤 생각을 하게 되는가?

2 "그러므로 너희가 그리스도 예수를 주로 받았으니 그 안에서 행하되"(골 2:6)라는 말씀은 하나님께서 성경에 기록해주신 명령이다. 이 진리에 생각으로는 동의하지만, 믿음으로 사는 것을 피하기 위해 가정이나 직장이나 자유시간이나 하나님을 위한 봉사 시간에 사용하는 방법은 없는가? 만일 당신이 오직 하나님만을 의지하며 계속 믿음으로 살겠다고 결심한다면 날마다의 삶에서 어떤 변화들이 일어나겠는가?

3 '모조품 신앙'을 가진 사람은 하나님의 도움이 주어지지 않을 경우에 대비해 늘 탈출구를 마련해 놓고 있다는 것이 토저의 진단이다. 그러나 하나님의 도움은 반드시 주어진다. 다만 그분의 때와 방법과 과정이 종종 우리의 예상을 빗나갈 뿐이다. 그분의 때와 해결방법을 기다리는 것이 너무 힘들었던 상황을 기억해보라. 당신도 탈출구를 마련하고 싶은 유혹을 느낀 적이 있는가?

4 우리 각 사람은 오직 하나님 한 분 외에는 다른 출구가 없는 상황에 이미 처해 보았거나 장차 처하게 될 것이다. 그런 상황이 크신 하나님을 향한 믿음의 견고한 집을 짓는 데 귀한 자재로 사용된다고 생각해보자.

믿음의 음성에
귀를 기울이라

야곱아 너를 창조하신 여호와께서 지금 말씀하시느니라 이스라엘아 너를 지으신 이가 말씀하시느니라 너는 두려워하지 말라 내가 너를 구속하였고 내가 너를 지명하여 불렀나니 너는 내 것이라 네가 물 가운데로 지날 때에 내가 너와 함께할 것이라 강을 건널 때에 물이 너를 침몰하지 못할 것이며 네가 불 가운데로 지날 때에 타지도 아니할 것이요 불꽃이 너를 사르지도 못하리니 대저 나는 여호와 네 하나님이요 이스라엘의 거룩한 이요 네 구원자임이라 내가 애굽을 너의 속량물로, 구스와 스바를 너를 대신하여 주었노라 사 43:1-3

하나님이 이제까지 어떤 사람을 위해 어떤 일을 행하셨다면, 앞으로 또 다른 사람을 위해서도 그 일을 능히 행하실 수 있다. 이 진리를 굳게 붙들자. 믿음의 조상들의 일대기를 쓰고 옛 신앙인들의 무덤을 화려하게 치장하면서 "하나님을 체험한 사람들이 없는 이 공허한 시대에 사는 우리는 얼마나 불행한가!"라고 넋두리하는 어리석음을 범하지 말자. 하나님은 과거 믿음의 사람을 위해 행하신 일들을 앞으로 그 누구를 위해서라도 능히 다시 행하실 수 있다. 물론 그렇게 되려면 그분의 조건들을 충족시켜 드려야 한다.

불신앙의 목소리는 이렇게 말한다.

"그렇다. 나는 신자이다. 나는 성경을 믿으며, 성경을 부정하는 현대주의자, 자유주의자, 현대의 과학자를 싫어한다. 하늘이 두 쪽 난다 해도 나는 성경을 부정하지 않을 것이다. 하나님을 믿으며, 그분이 복을 주실 거라고 믿는다."

그러나 당신은 이 목소리에 숨어 있는 의미를 아는가? 여기에는 '하나님이 다른 때에, 다른 곳에서, 다른 사람들에게 복을 주실 거라고 믿는다'라는 뜻이 숨어 있다. '다른 때', '다른 곳', '다른 사람들', 이 세 가지는 하나님의 일을 방해하는 삼형제 같다. 우리는 신자이므로 신경(信經)을 인용하고 또 인정하지만, 하나님의 복이 '다른 때', '다른 곳', '다른 사람들'에게 임하지 '지금', '여기', '우리'에게 임한다고 믿지는 않는다.

하나님의 필요충분조건, 믿음

믿음이 없는 것이 우리의 문제이다. 하나님께서 우리를 위해 어떤 일을 이루시려면 반드시 믿음이 있어야 한다. 믿음은 우리가 먹은 성경말씀을 소화시키고 흡수할 수 있도록 돕는 비타민 같다. 믿음이 없으면 아무것도 얻을 수 없다. "하나님이 지금이 아닌 다른 때에, 여기가 아닌 다른 곳에서, 우리가 아닌 다른 사람들에게 복을 주실 것이다"라고 속삭이는 불신앙의 음울한 목소리에 속아 넘어갈 바에는 차라리 우리의 수고를 집어치우는 게 낫다. 믿음 없는 수고로는 아무 열매도 맺을 수 없기 때문이다.

믿음의 목소리는 완전히 다른 메시지를 우리에게 들려준다. 이 목소리는 밝고 큰 소리로, 그러면서도 경건하게 말한다.

"우리가 하나님의 조건들을 충족시키기만 하면 그분은 과거 어떤 때에, 어떤 곳에서, 누군가에게 약속하고 행하신 것이라도 지금 여기에서 우리를 위해 다시 행하실 것이다."

이것은 기본적인 진리이다. 하나님이 말씀하시면 그 메시지는 단 한 번의 적용으로 끝나는 것이 아니다. 그 말씀이 진리라면 언제 어디에서나 그것을 믿는 모든 이에게 진리가 된다. '2x2=4'라는 진리는 주전 400년에나 주후 1963년에나 모두 진리이고, 러시아나 중국이나 캐나다에서 모두 진리이다. 누구도 이 진리를 허물지 못하며, 누구라도 이 진리를 신뢰해도 좋다. 이것을 특정 시대에만 해당하는 진리로 간주해서 무시해 버리면 안 된다. 이것은 언제나 변하지 않는 원리이다.

천둥소리처럼 울리는 하나님의 말씀이 시대에서 시대로 이어질 때 그 말씀은 이스라엘이라고 불리는 그분의 백성에게, 또 그리스도인이라고 불리는 그분의 백성에게 주어지는 말씀이다. 그분의 약속들을 무효로 만드는 일은 이제까지 일어난 적이 없다. 이것은 우리가 꼭 명심해야 할 사실이다. 그분의 약속들을 무효화할 수 있는 것은 없다. 역사에도, 철학에도, 과학적 발견들 속에도 없다. 물론 이제까지 사회적 변화들이 있었고, 사람들의 관점이 시대마다 바뀐 것은 사실이다. 하지만 하나님과 그분의 약속들, 인간의 본성, 하나님의 사람들을 향한 그분의 계획을 바꿀 수 있는 것은 아무것도 없다. 그렇기 때문에 우리는 그분의 말씀을 손에 들고 "이것은 살아 있는 말씀이다!"라고 말할 수 있다.

여호와의 이름

이사야서 43장 1-3절의 첫 번째 문장은 "여호와께서 [이렇게] 말씀하시느니라"(Thus saith the LORD)라는 말씀이다. 여기서 많은 성경 역본들은 '주'(LORD)라는 말을 대문자로 표현한다. 이것은 '여호와'(야웨)라는 히브리어가 '주'로 번역되었음을 말해준다.

'야웨'(Yahweh)라는 이름은 때때로 4자음 문자(Tetragrammaton)라고 불린다. 이 이름이 지극히 거룩했기 때문에 고대 이스라엘 사람들은 이 이름을 입에 올리지도 않았다. 이것은 하나님께서 불로부터 모세에게 "나는 스스로 있는 자이니라"(출 3:14)라고 말씀하실 때 알려주신 이름이다. 본문에서 말씀하시는 분이 바로 '야웨(여호와)'시다. 그렇다면, 이분은 본래 정하신 그분의 뜻대로 행하실 수 있는가? 물론 그렇다!

찬송가나 경건서적 그리고 중요한 신학서적들에는 하나님께서 주신 일곱 가지 이름이 나오는데, 이것들은 '여호와'라는 단어가 들어간 복합어이다.

우선, '여호와 이레'라는 말은 '여호와께서 공급하실 것이다'라는 뜻이다. 하나님의 백성이 이것을 믿는다면 말 그대로 '스스로 있는 자'께서 공급하실 것이다. 땅의 기초를 놓으신 분, 저 위에 있는 하늘을 커튼처럼 펴신 분, 열국을 천칭 위에 놓인 먼지처럼 내려다보시는 분, 바로 그분이 공급해주실 것이다.

둘째, '여호와 라파'는 '너를 치료하시는 여호와'라는 뜻이다. 이것은 A. B. 심슨(A. B. Simpson)이 찾아내 의미를 부여함으로써 빛을 보게 된 말이다. 하나님은 "나는 너희를 치료하는 여호와임이라"(출 15:26)라고 말씀하셨다. 하지만 유감스럽게도 오늘날 하나님의 치료에 대해서는 많이 들을 수도 없고, 볼 수도 없다. 오늘날 신유에 대한 사람들의 반응은 두 가지로 나뉜다. 한쪽에서는 신유를 가지고 야단법석을 떨고, 다른 쪽에서는 낙심에 빠진 사람들이 신유를 믿으려고 애쓰면서 약에 의존한다. 안타깝게도, 치료하시는 하나님 즉 '여호와 라파'에 대한 진정한 인식은 거의 찾아보기 힘든 것이 현재의 실정이다.

이 밖에도 '여호와 닛시'(여호와는 우리의 깃발), '여호와 샬롬'(여호와는 우리의 평강), '여호와 로이'(여호와는 우리의 목자), '여호와 치드케누'(여호와는 우리의 의), '여호와 샴마'(여호와께서 여기 계시다)가 있다. 이분은 말씀하시는 능력의 하나님으로서 당신과 소통하기 원하신다.

쓰레기를 너무 많이 먹었는가?

당신은 진리 대신에 쓰레기를 너무 많이 먹었다는 걸 아는가? 너무나 많은 경우에 하나님의 살아 있는 말씀을 먹는 대신에 버려질 것에 배신당한 것을 아는가? 하나님은 말씀을 통해 당신과 소통하려고 애쓰시며, "나는 여호와라. 네가 나를 의지하려느냐? 그렇다면 다른 사람들을 보지 말고 나를 보라"라고 말씀하신다.

우리가 의지하는 사람들이 누구인가? 오늘은 젊고 보기에 좋을지 몰라도 내일이면 늙고 목소리에 힘이 없어질 이들이다. 하지만 전능하신 하나님은 결코 죽지 않으신다. 그분은 "나는 여호와라. 나는 네 의이다. 네 목자이다. 네 평강이다. 네 승리의 깃발이다. 네 치료자이다. 네 공급자이다. 너희 가운데 임재하는 자다"라고 말씀하신다.

그렇다! 당신이 상대하는 분은 이런 분이시다. 당신이 담대히 일어나 "나는 감히 하나님의 말씀을 믿습니다"라고 말할 용의가 있다면 그분의 진리가 별처럼 빛을 발하는 걸 보게 될 것이다. 생명이 없는 곳에서 생명을, 빛이 없는 곳에서 빛을, 기쁨이 없는 곳에서 기쁨을 얻게 될 것이다.

그렇다면 하나님이 행하신 일이 무엇인가?

"나 곧 나는 여호와라 나 외에 구원자가 없느니라 내가 알려 주었으며 구원하였으며 보였고 너희 중에 다른 신이 없었나니 그러므로 너희는 나의 증인이요 나는 하나님이니라 여호와의 말씀이니라 과연 태초로부터 나는 그이니 내 손에서 건질 자가 없도다 내가 행하리니 누가 막으리요 너희의 구속자요 이스라엘의 거룩한 이 여호와가 말하노라 너희를 위하여 내가 바벨론에 사람을 보내어 모든 갈대아 사람에게 자기들이 연락하던 배를 타고 도망하여 내려가게 하리라 나는 여호와 너희의 거룩한 이요 이스라엘의 창조자요 너희의 왕이니라 나 여호와가 이같이 말하노라 바다 가운데에 길을, 큰 물 가운데에 지름길을 내고 병거와 말과 군대의 용사를 이끌어 내어 그들이 일시에 엎드러져 일어나지 못하고 소멸하기를 꺼져가는 등불 같게 하였느니라"(사 43:11-17).

전능하신 하나님은 역사(歷史)의 하나님이시다. 그렇다면 그분이 이제 행하실 일은 무엇인가?

"보라 내가 새 일을 행하리니 이제 나타낼 것이라 너희가 그것을 알지 못하겠느냐 반드시 내가 광야에 길을 사막에 강을 내리니 장차 들짐승 곧 승냥이와 타조도 나를 존경할 것은 내가 광야에 물을, 사막에 강들을 내어 내 백성, 내가 택한 자에게 마시게 할 것임이라"(사 43:19, 20).

하나님은 그분이 택하신 자들에게 마실 것을 주기 원하신다고 나는 믿는다. 그분이 주기 원하시는 것을 교회가 받기 위해서는 몇 가지 전제가 충족되어야 하는데 그 중 하나가 불신앙을 거부하는 것이다. 대부분의 복음주의적 교회는 은밀한 의심의 그늘 아래에 숨어 있다. 이 의심은 성경을 부정하는 불신앙은 아니지만, 사실 그것보다 더 나쁘다. 이 의심은 믿음이 무엇을 의미하는지를 모르는 만성적 불신앙이다.

만성적 불신앙에 빠진 교회들

불신자들은 성경을 믿지 않으며, 자기가 성경을 믿지 않는다고 말하고, 성경을 반박하는 논리를 편다. 반면, 소위 그리스도인들은 혼수상태에 빠져 있어서 깨어나 믿는 것이 불가능하다. 이 두 그룹 사이에는 차이가 있다. 전자는 사고를 당했거나 갑자기 병에 걸려 죽은 사람과 비슷하다. 어떤 사람이 시속 100킬로미터로 달리다가 다리턱을 들이받고 그 자리에서 죽었다고 하자. 그 사람의 몸이 여전히 따뜻하더라도 그 사람은 죽은 것이다. 구조대가 그를 차에서 끌어냈을 때 그에게서 체온이 느껴졌다 해도 그는 이미 죽었다. 그에게 죽음이 극적으로 갑자기 찾아온 것이다. 이처럼 끔찍하고 극적인 일이 "나는 당신들의 성경을 믿지 않습니다. 성경은 옛날 사상을 담고 있는 전설에 불과할 뿐입니다. 거기엔 간음과 살인과 암살의 이야기로 가득하지 않습니까? 나는 당신들의 성경을 믿지 않습니다"라고 말하는 사람에게 일어난 것이다.

후자는 완전히 죽은 것이 아니면서도 완전히 건강한 것도 아닌 만성적 허약자와 비슷하다. 맥박도 뛰고 있고, 원한다면 힘을 내서 미소를 지을 수도 있지만, 정상적인 몸 상태는 아니다. 체온도 유지되고 숨도 쉬지만 정상은 아니다. 아주 무기력한 상태에 있다. 하지만 다행히 죽은 것은 아니다.

교회들은 만성적 불신앙 상태에서 뒹굴고 있다. 그들은 하나님께서 어떤 일을 이루실 것이라고 기대하지 않는다. 그러다 보니 진짜 그분은 아무 일도 행하지 않으신다. 머리를 짜내고 좋은 말로 권하고 자극을 주고 맹세를 해서 어떤 사람을 교회로 끌어들이는 일이 때때로 일어나기는 한다. 그러나 하나님을 믿는 참된 그리스도인의 활력과 자유와 밝은 미소와 기쁨은 없다.

불신앙의 목소리는 '기대감 없는 심리'에서 나온다. 기대감 없는 심리! 이것이 오늘날 우리의 문제이다. 우리는 회의를 한다면서 자리에 앉아 의논한다. '어떻게 해야 우리의 의욕을 고취시킬 수 있을까?', '어떤 이들을 교회로 끌어들일 수 있을까?', '어디에서 도움을 얻을 수 있을까?' 이런 고민을 하지만, 여호와께서 늘 임재하신다는 것은 망각한다. 그분이 "나는 '여호와 샴마'(여호와께서 여기 계시다)이다. 내가 너희 가운데 있는데 왜 내게 묻지 않느냐?"라고 말씀하셔도 우리는 그분께 묻지 않는다.

하나님께서 "나는 너의 승리의 깃발이다"라고 말씀하시지만 우리는 '비용이 얼마나 들까?'를 고민한다. 부흥회를 하려면 정말 얼마나 들까? 비용 말이 나왔으니까 하는 말이지만, 나는 비용은 전혀 필요 없다고 단언한다. 단, 우리의 모든 것을 드려야 한다. 한 푼도 들지 않지만 모든 것을 내놓아야 한다. 어딘가에서 부흥이 일어났다고 해서 거기서 부흥을 공수(空輸)해 올 수는 없다. 다른 나라에서까지 신령한 설교자들을 강사로 초빙한 적이 얼마나 많은가! 그들이 그들의 나라에서 큰 부흥을 일으켰다는 소문을 듣고 비행기에 태워 모셔왔지만 부흥은 일어나지 않았다. 하나님을 외국에서 수입하려고 시도한 사람들이 좋은 결과를 이룬 것을 나는 보지 못했다. 그분은 바다 저편에서 제트기를 타고 이 땅으로 오시는 것이 아니다. 그분은 "나는 여호와라. 내가 너와 함께 있노라. 네가 있는 곳에 내가 있다. 내가 여기 있으니 내게 부르짖어라"라고 말씀하신다.

그러나 이 말씀 다음에 그분은 "그러나 야곱아 너는 나를 부르지 아니하였고 이스라엘아 너는 나를 괴롭게 여겼으며"(사 43:22)라고 책망하신다. 우리가 전능의 하나님께 싫증을 내고 있기 때문이다. 우리는 포고(pogo: 용수철 달린 죽마를 타고 뛰어 다니는 놀이)를 하며 낄낄거리고, '디어 애비'(Dear Abby: 미국의 칼럼니스트 P. F. 필립스가 1956년 시작한 인생상담 칼럼) 때문에 웃음을 되찾지만 하나님께는 싫증을 낸다. 그렇기 때문에 그분은 "네가 나를 피곤해 하며 내게 싫증이 났다"라고 말씀하시는 것이다. 현재 기독교의 이름으로 일어나고 있는 일들 중 많은 것이 지루하기 짝이 없는 것이라고 나는 주저 없이 말할 수 있다.

하나님은 "너는 왜 내게 도움을 구하지 않느냐? 내가 여기 있고 너를 돕기 원한다. 너를 위해 이룰 일이 아주 많다"라고 말씀하시지만, 불신앙의 목소리는 '앞으로 달라질 것은 없다. 다 부질 없는 짓이다'라고 말한다. 그러나 여호와의 음성은 "보라 내가 새 일을 행하리니 … 반드시 내가 광야에 길을, 사막에 강을 내리니"(사 43:19)라고 말씀하신다.

불신앙은 아주 논리적이며, 자연의 법칙에 따른다. 하지만 믿음의 사람에게는 자연의 논리보다 더 높은 논리가 있다. 이것은 불신자들의 눈에 보이지 않는 논리이다. 불신앙은 아주 논리적이다. 그들의 논리에서는 해가 뜨면 또 해가 진다. 비가 올 때도 있고 눈이 올 때도 있다. 계절들은 바뀐다. 오리들은 북쪽으로 날아갔다가 다시 남쪽으로 날아간다. 아기들이 태어나고 노인들은 죽는다. 세상의 일들은 달라짐 없이 똑같이 돌아간다.

"태초에 그랬듯이 지금도 그렇고 앞으로도 늘 그럴 것이다."
"이제까지 있었던 것이 앞으로도 똑같이 있을 것이다."
이것이 우리의 불신앙의 노래이다!

보라, 내가 새 일을 행하리니

그러나 여호와의 음성은 "보라 내가 새 일을 행하리니"라고 울려 퍼진다. 하나님이 우리에게 오시면 새 일이 일어난다. "반드시 내가 광야에 길을 … 내리니." 이런 말씀을 들어본 사람이 있는가? "반드시 내가 … 사막에 강을 내리니." 누구의 귀에 이런 말씀이 들린 적이 있는가? 불신앙은 아주 논리적이고, 자연의 법칙에 충실하다. 자연은 틀에 박힌 대로 굴러가기 때문이다. 자연이 언제까지나 그 틀을 벗어나지 않을 것이라고 믿어도 좋다. 그러나 자연 속으로 개입해 들어오는 새로운 요소가 있다! 하나님은 초자연을 개입시키신다. 그분은 "나는 스스로 있는 자라. 내가 행할 것이다"라고 말씀하신다. 그분은 새로운 일을 이루기 원하신다.

우리는 틀에 박힌 자연의 길을 계속 가고 있다. 누군가 이것을 바꿀 수 있을 것이라고 기대하지도 않는다. 그러나 내 귀에는 "나는 스스로 있는 자라"라는 새로운 음성이 들린다. 이제까지 나는 그리스도인으로 살아오면서 이 음성을 고대해왔다.

"나는 스스로 있는 자라. 너는 할 수 없지만 나는 할 수 있다. 네가 아니라 바로 나다. 할 수 있는 자는 네가 아니라 나다. 네게는 지혜가 없지만 여호와, 내게는 지혜가 있다."

바로 이 말씀을 듣기 위해 살아왔다.

우리는 하나님의 아들 예수 그리스도를 통해 하나님께 나아간다. 경외스럽고 영광스런 이름들을 가지신 크신 여호와의 모든 능력이 그분의 아들 예수 그리스도를 통해 그분의 백성에게 주어진다는 사실을 잊지 말라. 비유적으로 말하자면, 예수님은 여호와 하나님의 대양까지 연결되는 수로를 만드신 것이다. 이 수로를 통해 하나님의 달콤한 물, 치유의 물, 영혼의 갈증을 풀어주는 물이 믿음을 가진 주의 백성에게 흘러오게 된다.

그러나 하나님은 이것이 그분께 새로운 일이라고 말씀하지 않으신다. 그분께 새로운 것은 없다. 다만 우리에게 새로울 뿐이다. 그분이 "내가 새 일을 행하리라"라고 말씀하실 때 '새 일'은 무엇인가? 그분이 무(無)에서 은하계를 창조하시는 것처럼 완전히 새로운 것을 창조하신다는 것인가? 그렇지 않다. 그분이 과거의 세대를 위해 이루셨던 것을 새 세대에게도 이루어주신다는 것이다! 그분은 이렇게 말씀하신다.

"내가 너를 위해 이루리라. 너는 왜 염려하느냐? 내가 이루리라. 나는 하나님이다. 여호와이다. 네 의(義)이다. 네 필요를 채워주는 자이다. 네 치유자이다. 네 승리의 깃발이다. 네 목자이다. 네 평강이다. 너의 모든 것이다."

그분이 우리에게 모든 것이 되어 주신다면, 우리는 이제 낙심할 이유가 전혀 없다. 그분이 무(無)에서 세상을 만드실 수 있다면, 지금 그분의 백성을 위해 무엇이든 못 만드시겠는가? 그분은 그분의 일을 보라고 우리를 초대하신다.

그러나 그분은 오직 그분께만 영광이 돌아가도록 일을 처리하신다. 영광은 그분의 몫이기 때문에 다른 누구와도 나누지 않으신다.

"나는 여호와이니 … 나는 내 영광을 나른 자에게 … 주지 아니하리라"(사 42:8).

"그 일은 하나님이 아니라 어떤 다른 사람이 이루었다"라는 말이 누구의 입에서도 나오지 않도록 일을 행하시는 것이 그분의 방법이다. 그렇게 하시는 이유는 영광을 원하시기 때문이다. 그분이 영광을 받으시는 것이 마땅하다. 그분은 하나님이시기 때문이다. 그분은 "내가 이루리라"라고 말씀하신다. 그렇다! 일을 이루시는 하나님이 우리에게 필요하다. 창조하시는 하나님이 필요하다. 그분은 그분의 창조의 장관(壯觀)을 보라고 우리를 초대하신다.

과거로 인해 얼어붙지 마라

세상의 어떤 일 또는 과거의 잘못 때문에 당신의 마음이 얼어붙어서는 안 된다. 과거의 잘못 때문에 꼼짝도 못하고 있는 그리스도인들이 있다는 걸 나는 잘 안다. 과거의 한때 당신의 영적 생활은 밝고 활기 넘쳤지만 그 후 어떤 비극적 실수를 범했거나 불행한 일을 당했을 수 있다. 기도와 눈물을 통해 그럭저럭 그 고난에서 벗어났지만 그 상처를 극복하지는 못했을 수 있다. 당신이 당한 억울한 일, 당신의 실패, 예상을 빗나간 처절한 패배, 현재의 낙심이나 죄, 이런 것들은 단지 당신의 머릿속에만 있는 것이 아니다. 그것보다 훨씬 더 깊은 곳에 있다. 잠재의식 속에 있으면서 당신의 믿음을 방해한다.

그러므로 나는 당신께 간곡히 말한다. 전능의 하나님께서 당신을 구해주실 것이다! 불신앙의 장애물에 더 이상 가로막히지 않도록, 당신의 문제를 당신의 마음과 생각에서 제거해주실 것이다. 세상의 소박하고 단순한 사람들은 우리같이 세련되고 복잡한 사람들보다 훨씬 더 쉽게 하나님을 믿을 수 있다. 그렇기 때문에 그분은 그런 사람들을 데리고 그분의 일을 시작하셨다. 예수님은 바리새인들로 하여금 그분을 따르게 하실 수 없었지만, 어부들과 단순한 사람들에게는 그렇게 하셨다. 세리를 택하셨지만 당시의 여러 위대한 자들은 택하지 않으셨다. 하나님은 단순한 사람들을 찾아오신다.

우리가 복잡함과 어설픈 학문을 버리고, 우리를 덮고 있는 불신앙의 조악한 껍질을 깨버린다면 이런 하나님의 음성이 들릴 것이다.

"나는 스스로 있는 자다. 내가 너와 함께 있고 네 편이다. 내 아들이 너를 위해 죽었으니 지옥이 너를 내 손에서 빼앗을 수 없다. 너는 내 영광을 위해 지음 받았다. 나를 위해 너를 지었으니 곧 나를 찬양하게 하려 함이라. 네가 믿기만 하면 내가 광야에서 물을 주고, 사막에 강이 흐르게 하리라. 나는 내 백성, 내 택한 자들에게 마실 것을 줄 것이다. 너를 위해 이런 일들을 이룰 것이다."

여기에는 초자연적 요소가 개입한다. 자연은 그것이 불가능하다고 말한다. 어떤 의미에서는 자연이 옳을 지도 모른다. 그러나 하나님이 나타나셔서 "나는 스스로 있는 자다. 그것은 가능하다"라고 말씀하신다. 그렇다! 그분의 말씀이 옳다. 나는 내 원수들과 싸워 이기지 못하지만, 그분은 "내가 네 원수에게 원수가 되고 네 대적에게 대적이 될지라"(출 23:22)라고 말씀하신다.

우리가 마음과 뜻을 모아 감히 믿기만 하면, 그분이 큰 능력과 힘으로 일하기 시작하시는 걸 보게 될 것이다. 우리가 '외부로부터' 끌어들이려고 그토록 필사적으로 노력했던 것이 '하늘로부터' 내려오는 걸 보게 될 것이다. 크신 하나님이 이루시는 걸 보게 될 것이며, "이 남자가 이루었다" 또는 "저 여자가 이루었다" 같은 소리를 듣지 않게 될 것이다. 오히려 모두 한 목소리로 "이는 힘으로 되지 아니하며 능력으로 되지 아니하고 오직 나의 영으로 되느니라"(슥 4:6)라는 말씀으로 찬양을 올리게 될 것이다.

더 깊은 묵상을 위한 질문들

1 하나님이 우리를 위해 어떤 일을 이루시려면 우리가 그분을 믿어야 한다. 불신앙의 음성이 당신의 기다림이나 행동이나 신앙의 진보에 영향을 끼쳤던 상황을 되돌아보라. 그런 음성에 영향을 받지 않으려면 어떻게 해야 했는가? 믿음에서 나오지 않은 행동을 고백하며 회개하고 성령의 능력 안에서 계속 전진하라.

2 하나님의 이름들은 그분의 품성과 인격을 보여준다. 우리가 그분의 이름들을 기억하고 묵상해야 하는 이유는 무엇인가? 이런 묵상이 그분의 음성을 날마다 듣고 믿음으로 행하는 데 어떤 도움을 줄까? 그분의 이름들을 묵상해야 하는 또 다른 이유를 알려면 이사야서 50장 10절을 읽어보라.

3 우리가 불신앙의 목소리에 귀를 기울이면 하나님께 아무것도 기대하지 않게 되고, 그분의 도움 없이 우리의 힘으로 문제를 해결하려 한다. 이런 불신앙 때문에 그분에 대한 경외심이 사라지고 그분과의 관계가 나빠지면 복음증거가 약화되고 믿음의 행위가 무너진다. 당신이 하나님을 믿지 못했을 때 어떤 결과가 주어졌는가? 그리고 그분은 당신을 어떻게 회복시키셨는가?

4 토저는 "우리가 하나님의 조건들을 충족시키기만 하면 그분은 과거 어떤 때에, 어떤 곳에서, 누군가에게 약속하고 행하신 것이라도 지금 여기에서 우리를 위해 다시 행하실 것이다"라고 강조한다. 토저가 말하는 조건들은 무엇인가? 야고보서 1장 5-7절, 시편 27편 14절, 시편 66편 18절 그리고 야고보서 4장 3절을 읽고 묵상하라. 하나님의 조건들을 충족시키기 위해 당신이 행할 일들은 무엇인가?

5 과거에 있었던 죄, 실수, 승리, 실패, 억울한 일에 얽매이지 않고 믿음의 길을 힘차게 달려가는 것은 굉장히 중요하다. 하나님은 우리의 과거보다 크신 분이다. 우리가 그분을 믿고 의지하기만 하면 그분은 과거의 모든 일들을 우리에게 유익하게 이용하신다. 당신의 과거와 현재의 상황과 미래에 대해 그분께 감사하라. 그리고 "뒤에 있는 것을 모두 잊어버리고 하나님의 영광을 위해 앞으로 달려가 서약을 지키도록 힘을 주소서"라고 기도하라.

chapter 10

말씀을 들을 자격을 갖춰라

　설교자가 진리의 메시지를 선포하고 그의 말이 청중의 귀에 들어가면 청중이 참으로 그 메시지를 들은 것이라고 믿는 사람들이 많다. 하지만 이것은 속단이다. 청중이 하나님의 말씀을 들었으므로 가르침을 받은 것이라는 논리는 너무 얕은 것이다. 그렇게 자동적으로 되는 것이 아니기 때문이다.

　우리가 진정으로 가르침을 받으려면 말씀을 들을 수 있는 자격을 갖추고 들어야 한다. 좀 더 정확히 말하면, 가르침을 받을 수 있는 상태에 있어야 한다. 우리가 진리를 듣기에 적당한 상태에 있지 못하면 설교를 듣거나 좋은 책을 읽거나 성경 자체를 읽어도 얻는 것이 별로 없을 수 있다. 진리를 올바로 듣는 데 요구되는 도덕적 조건들을 충족시키지 못했기 때문이다.

"내 입에서 나가는 말도 이와 같이 헛되이 내게로 되돌아오지 아니하고"(사 55:11)라는 말씀은, 하나님의 진리가 선포되는 곳에서는 언제나 효력이 나타난다는 주장을 지지해주는 말씀이 아니다. 구약의 선지자들은 이스라엘 백성에게 큰 소리로 외쳤지만 철저히 무시당한다고 한탄했다. 구약의 잠언에는 "내가 불렀으나 너희가 듣기 싫어하였고 내가 손을 폈으나 돌아보는 자가 없었고 도리어 나의 모든 교훈을 멸시하며 나의 책망을 받지 아니하였은즉"(잠 1:24,25)이라는 말씀이 나온다. 주님이 들려주신 '씨 뿌리는 자와 씨'의 비유는 진리를 들어도 유익을 얻지 못할 수 있음을 말해주는 또 하나의 증거이다. 바울은 유대인들로부터 돌아서면서 "너희가 듣기는 들어도 도무지 깨닫지 못하며"(행 28:26)라는 말씀을 인용했고, 결국 이방인들을 상대로 일하기 시작했다.

하나님의 말씀을 진정으로 받아들이는 내면적 깨달음을 얻으려면 먼저 도덕적으로 준비되어 있어야 한다. 주님은 복음서들의 몇몇 구절에서 이 점을 분명히 밝히셨다.

"그때에 예수께서 대답하여 이르시되 천지의 주재이신 아버지여 이것을 지혜롭고 슬기 있는 자들에게는 숨기시고 어린아이들에게는 나타내심을 감사하나이다 옳소이다 이렇게 된 것이 아버지의 뜻이니이다"(마 11:25,26).

요한복음에도 하나님의 진리를 진정으로 깨닫기 위해서는

먼저 사람의 영혼 안에 영적 준비가 되어 있어야 한다는 교훈이 아주 많이 나온다. 대표적인 구절을 찾자면 7장 17절을 들 수 있다.

"사람이 하나님의 뜻을 행하려 하면 이 교훈이 하나님께로부터 왔는지 내가 스스로 말함인지 알리라"(요 7:17).

또한 바울도 이렇게 분명히 밝혔다.

"육에 속한 사람은 하나님의 성령의 일들을 받지 아니하나니 이는 그것들이 그에게는 어리석게 보임이요, 또 그는 그것들을 알 수도 없나니 그러한 일은 영적으로 분별되기 때문이라"(고전 2:14).

대부분의 교회들은 목사를 설교단에 세우면서 "이 목사가 설교할 만한 자격을 갖추고 있는가?"라고 묻는다. 물론 이런 질문이 잘못된 것은 아니지만, 이것보다 더 시급히 던져야 할 질문이 있다. 바로 "우리가 이 목사의 설교를 들을 자격을 갖추고 있는가?"라는 질문이다. 청중이 설교를 들으러 올 때 겸손한 자세로 임한다면, 주님이 그들에게 보내주신 촛불이 크던 작던 간에 그 촛불에서 아주 많은 빛을 얻게 될 것이다.

우리가 말씀을 들을 자격을 갖추고 있으면 하나님은 때로 아주 보잘것없는 것을 통해서도 말씀하신다. 예를 들어, 베드로는 수탉이 우는 소리를 듣고 회개했다. 물론 수탉은 자기가 무슨 역할을 하는지 알지 못하고 울었을 테지만 주님이 미리다 준비해 놓으셨기 때문에 신앙의 수렁에 빠진 그분의 사도는 마음에 찔림을 받아 회개의 눈물을 강물처럼 흘렸다. 어거스틴(Augustine)은 친구가 번개에 맞아 죽는 것을 보고 회개하게 되었고, 니콜라스 헤르만(Nicholas Herman, 약 1614~1691. 파리에 있는 카르멜회 수도원에서 평신도로 봉사했으며 '로렌스 형제'로 많이 알려져 있다)은 겨울에 나뭇잎이 다 떨어진 앙상한 나무를 보고 회심했다. 스펄(Spuregeon)은 평범한 주일학교 선생님이 회중을 권면하는 말을 들은 후에 그리스도인이 되었다. 무디(Moody)는 알고 지내던 순수한 노년의 여인이 하는 간증을 통해 성령의 기름부음을 확실히 받았다.

이런 것들이 분명히 가르쳐주는 한 가지 사실은 들을 준비가 된 사람의 마음에 하나님의 말씀이 들린다는 사실이다. 바꿔 말하자면, 들을 준비가 되어 있지 않은 사람은 주일마다 하나님의 말씀을 육신의 귀로 들어도 사실은 아무것도 듣지 못하는 것이다.

좋은 설교자만큼 중요한 것은 좋은 청중이다. 둘 다 지극히 중요하다.

더 깊은 묵상을 위한 질문들

1 성경의 진리들을 여러 번 들었지만 왜 마음속 가장 깊은 곳에 깨달음이 생기지 않았는지 의문을 품어본 적이 있는가? 최근에 이런 일을 겪었다면, 하나님께서 당신의 믿음생활에서 무엇을 이루시기 원하는지를 깊이 생각해보라.

2 말씀을 들을 자격을 갖추는 문제에 대해 토저는 "하나님의 말씀을 진정으로 받아들이는 내면적 깨달음을 얻으려면 먼저 도덕적으로 준비되어 있어야 한다"라고 말한다. 날마다 말씀을 들을 자격을 갖추도록 성령이 우리의 삶에 깊이 심어주시는 이런 도덕적 준비에는 구체적으로 어떤 것들이 있는가?

3 토저의 지적에 의하면, 하나님께서는 들을 준비가 된 사람의 마음에 말씀하신다. "들을 준비가 되어 있지 않은 사람은 주일마다 하나님의 말씀을 육신의 귀로 들어도 사실은 아무것도 듣지 못하는 것이다." 지난 한 주 동안 주님의 말씀을 들었던 다양한 방식들에 대해 생각을 정리해보라.

4 "이는 젖을 먹는 자마다 어린아이니 의의 말씀을 경험하지 못한 자요 단단한 음식은 장성한 자의 것이니 그들은 지각을 사용함으로 연단을 받아 선악을 분별하는 자들이니라"(히 5:13,14). 진정 믿음으로 행하는 사람은 어린아이의 상태에 오래 머물지 않는다. 그는 주님과 그분의 방법을 깊이 알고 체험한 사람들이나 그들의 책에 자꾸 끌리고, 하나님의 진리에 대해 굶주림을 느끼며, 선악을 분별하고 흐리멍덩한 진리를 피한다. 당신은 성장하고 있는가? 진리에 대해 목마름을 느끼는가? 선악을 분별해서 악을 피하고 선을 추구하는가?

완전한 데로
나아가라

　우리 중 많은 이들이 깊이를 다 알 수 없는 그리스도의 부요함에 대한 메시지를 전하지만, 그 메시지를 듣는 것이 지루하고 힘들 때가 있다. 사실 하나님에 대한 이야기야말로 인간의 마음에 가장 신선한 활력을 불어넣을 수 있는 이야기이다. 누군가 구원의 메시지를 전한다면 그의 얼굴에서는 빛이 나고 음성에서 감격이 넘치는 것이 당연하다. 그러나 그토록 놀라운 메시지가 선포되어도 청중이 그것에 집중하기 힘들어 하는 경우가 적지 않다. 도대체 무엇이 잘못되었기 때문에 그런가?

　이런 문제 제기에 대해 이제까지 아주 많이 들어온 진단은 "설교자가 성령충만하지 못하다"라는 것이지만, 이것으로 모든 게 설명되는 것은 아니다. 인생의 시험과 사랑의 시험을 다

겪으며 성령의 전(殿)이 된 많은 이들의 설교를 들어보아도, 애당초 품질이 떨어지는 낡은 축음기 음반에서 나오는 소리 같은 소리를 겨우 낼 뿐이다.

성령충만한 설교자만이 청중을 도덕적으로 변화시킬 수 있는 것은 사실이다. 이 점에 대해서는 나도 전적으로 동의한다. 그런데 지금 나는 이 점을 문제 삼는 것이 아니라, 청중의 관심을 사로잡을 수 있는 설교자의 능력을 문제 삼고 싶다. 설교자가 청중의 마음에 강한 흥미를 유발하지 못하면 아무리 신령하다 할지라도 그의 메시지는 청중에게 결국 영향을 주지 못한다.

이제까지 설교자들이 가장 따분하고 재미없게 강해한 성경의 한 부분을 꼽으라면 아마 바울서신일 것이다. 그러나 바울서신은 원래 아름다운 보석 같은 글들로 서정미 넘치고 음악적이다. 그런 글들을 파헤치는 설교는 상큼한 사과를 한 입 베어 물 때처럼 아삭아삭한 맛이 나야 마땅하다. 하지만 실제로는 어떤가? 털실 덩어리를 깨물 때처럼 실망스럽다! 도대체 이유가 무엇인가?

지루함 : 뻔한 것을 반복해서 말하기

어떤 한 가지 이유 때문에 설교가 따분하다고 말한다면 그것은 지나친 단순화일 것이다. 그럼에도 불구하고 중요한 한 가지를 감히 꼽자면, 뻔히 아는 것을 자꾸 길게 이야기하는 우리의 습관이 그 이유이다. (어떤 독자가 살짝 웃으면서 "지금 내가 읽고 있는 이 토저의 글이 바로 그런 이유 때문에 지루하다"라고 말한다면 나는 굳이 변명하지 않겠다. 적어도 나는 내 부족함을 잘 알고 있으며, 그것을 고치려고 노력할 것이다.)

나는 내가 왜 일부 복음주의 성경 선생들의 설교 방식에 거부감을 갖는지를 고민해보았다. 그러다 뻔히 아는 것을 자꾸 길게 이야기하는 그들의 습관 때문이라는 결론에 도달했다. 내가 볼 때 그들이 깨닫지 못하는 것이 있는데, 그것은 기본적인 진리를 자꾸 반복해서 말하면 오히려 성도들의 영적 활력이 죽어버린다는 것이다. 이런 현상은 성경 선생이 신학적으로 깊이 들어갈 의도조차 없이 그리스도 교리의 초보적 원리들을 들먹이면서 신학적 장난감을 갖고 놀 때 특히 더 심해진다.

우리의 사경회들 대다수가 뻔히 아는 것들을 반복해서 가르치는 데 투자되고 있다. '사경회 강사로 날리고 있는 설교자'라는 광고문구와 함께 등장하는 설교자들을 예로 들어보자. 그들은 창세기부터 요한계시록까지 종횡무진 누비며 성경구절들을 찾아내지만, 그것들은 청중의 99퍼센트가 이미 알고 믿는 기본적 진리를 확인해주는 구절에 불과하다. 반면, 성경의 기본적 진리가 이제까지 아무도 발견하지 못한 구약의 예표(豫表) 속에 숨어 있다는 것을 밝혀내는 강사가 있다면, 그는 심오한 성경학자라는 칭찬을 들으며 그 다음 해에도 열렬한 환영 속에 다시 초빙을 받을 것이다.

기본적인 것들에 계속 머물러 있는 이런 일들은 복음주의 교회에 해로운 영향을 끼쳤다. 이것은 총명한 아이가 초등학교 3학년에 5-6년 동안 계속 머물도록 강요하는 것에 비유될 수 있다. 이런 아이는 얼마나 지루할까! 신기하거나 새로운 것이 제시되지 않으면 우리의 머리는 자극을 받지 못해 멍한 상태에 빠지게 된다. 내 개인적인 이야기를 하자면, 흔히 듣게 되는 진부한 설교를 들을 때 내가 느끼는 것은 동일한 추리소설을 열두 번째 읽는 사람이 느낄 법한 지루함과 좌절감이다.

진리가 선사하는 영롱한 기쁨을 발견하라

몇 개의 기본적 진리들을 끝없이 반복하는 우리의 경향은 하나님을 살아 있는 관계 속에서 만나지 못했거나 예언자적 통찰력이 없기 때문에 생긴다. 하나님을 알게 되면 무수한 통찰들이 생기는데 그것들 하나하나는 보석같이 반짝이는 기쁨을 선사한다.

하나님의 마음 안에 살면서 경건하게 기도하고 성경을 읽으며 성령의 훈련과 징계를 경험하면서 완전함을 향해 전진하는 기독교 선생의 눈에는 때로 신선하고 복되고 아름다운 진리가 보인다. 이 진리는 성경만큼 오래되었지만, 풀잎에 맺혀 있는 아침이슬만큼 영롱하다. 더 깊은 진리까지 통찰한 사람은 그 진리에 대해 침묵할 수 없게 된다. 그의 영적 체험이 어떤 식으로든 설교에 반영될 수밖에 없다. 오늘날 만연해 있는 평범한 성경공부에서는 전혀 볼 수 없는 놀라움과 기쁨의 요소가 그의 메시지에 담기게 된다.

대부분 사람들의 마음속에는 앞으로 전진하는 것에 저항하는 심리가 있는데, 불행하게도 대다수의 복음주의 교회들이 이런 심리를 조장한다. 이런 교회들의 교훈은 좁고 답답한 범위 안에서 맴돈다. 그런 교회의 선생들은 "'뿔라'(사 62:4)가 이 범위 안에 다 들어 있으므로 더 이상 다른 것을 찾는 것은 위험한 짓입니다"라고 경고한다.

이미 아는 것들을 반복하는 것에서 끝나고 마는 가르침은 따분하고 지루할 수밖에 없다. 그러다 보니 교회들은 일종의 종교적 권태를 달래기 위해 성경 밖에서 기분 전환용 소재를 끌어오거나 반성경적(反聖經的)인 연예오락을 끌어들인다. 물론 이것은 열의 없이 멍한 상태에 있는 성도들의 무료함을 달래주기 위해 양념을 치는 것이다. 이런 무기력한 현실을 거부하고 거기서 뛰쳐나와 하나님의 동산을 향해 힘차게 달려갈 의지만 있다면 더 깊은 참된 기쁨을 얼마든지 맛볼 수 있지만 이것을 아는 사람은 없는 것 같다.

사람들이 이미 알고 있는 소식을 다시 말해주는 것, 이의를 제기하는 사람 하나 없이 모두가 믿는 진리를 증명하기 위해 성경구절을 열거하는 것, 이미 오래 전부터 알려진 교리들을 예증(例證)하기 위해 이런저런 이야기를 끝없이 끌어다 대는 것, '죽은 행실의 회개와 하나님을 향한 믿음'이라는 기초를 자꾸 반복해서 늘어놓는 것, 이런 것들이 뻔히 아는 것을 자꾸 길게 이야기하는 것이다.

이런 데 빠져 있는 자들에게 히브리서 기자는 "그러므로 우리가 그리스도의 도의 초보를 버리고 … 완전한 데로 나아갈지니라"(히 6:1,2)라고 조언한다.

더 깊은 묵상을 위한 질문들

1 토저는 "내가 볼 때 많은 복음주의 성경 선생들이 깨닫지 못하는 것이 있는데, 그것은 기본적인 진리를 자꾸 반복해서 말하면 오히려 성도들의 영적 활력이 죽어버린다는 것이다"라고 말한다. 당신이 접해 본 많은 성경공부가 뻔히 아는 것을 자꾸 길게 이야기하는 것은 아니었는지 잠시 생각해보라. 그런 성경공부가 당신과 당신의 믿음생활에 어떤 영향을 주었는가? 이런 문제점을 개선하기 위해 당신이 할 수 있는 일들은 무엇인가?

2 몇 개의 기본적 진리를 끝없이 반복하는 경향이 있는 성경 교사들은 하나님을 살아 있는 관계 속에서 만나지 못했거나 예언자적 통찰력이 없는 것이라고 토저는 진단한다. 당신의 모습은 어떤가? 또한 이런 경향의 지도자가 있다면, 그를 위해 어떻게 기도해야 하는가?

3 토저에 의하면, "더 깊은 진리까지 통찰한 사람은 그 진리에 대해 침묵할 수 없게 된다". 최근 당신이 듣고 침묵할 수 없었던 깊은 진리가 있는가? 그 진리를 삶 속에 깊이 뿌리 내리게 해야 그 다음의 진리를 받을 준비를 갖추게 된다. 최근에 깊은 진리를 받은 적이 없다면 시간을 내어 "성령님, 저를 모든 진리 안으로 인도하소서"라고 기도하라.

4 토저가 지적하는 반복적인 가르침과 기분 전환용 소재와 연예오락에는 어떤 것들이 있는가? 우리는 교회의 활동이나 행사의 가치를 어떻게 평가해야 하는가?

Fiery Faith

3

믿음은
실재다

단순함과 고독을
다시 배우자

그리스도인이 단순하게 살지 않으면 이 땅과 영원한 세상에서 지극히 많은 보화를 잃어버리게 된다. 현대문명은 경건생활을 거의 불가능하게 만들 정도로 아주 복잡하다. 우리의 주의를 산만하게 하는 것을 자꾸 만들어내 집중력을 갉아먹고, 고독을 깨뜨려 우리를 낙심시킨다.

지금보다 더 조용했던 다른 시대의 어떤 시인은 "사려 깊은 사람은 물러나 고독 속으로 들어간다"라고 말했다. 하지만 오늘날 우리가 찾아 들어갈 고독이 어디 있는가? 과학은 인간에게 몇 가지 물질적 편안함을 안겨주었지만 대신 영혼을 빼앗아 갔다. 인간의 생존에 해로운 환경을 만들어놓은 것이다.

"너희는 … 자리에 누워 심중에 말하고 잠잠할지어다"(시

4:4)라는 말씀은 지혜와 치유의 조언이지만, 신문과 전화와 라디오와 텔레비전으로 인해 너무 시끄러운 이 시대에는 참으로 따르기 힘든 조언이다. 이런 '현대의 장난감들'은 이제 너무 커지고 위험해져서 우리를 잡아먹으려고 한다. 애완용으로 기르기 시작한 새끼 호랑이가 다 자라서 주인을 잡아먹는다는 이야기처럼 말이다. 인류에게 복이 될 것이라고 믿고 만들어낸 것들이 끔찍한 저주가 되고 말았다. 세상에게 침범당하지 않은 안전한 곳이 이제는 한 군데도 없다.

문명에게 잡아먹힌 사람들

문명세계가 사람들을 파괴하는 한 가지 방법은 스스로 생각하지 못하도록 막는 것이다. 이제 근시안적인 사람들이 자랑하며 큰소리를 칠 정도로 의사소통 방법이 엄청나게 향상되었다. 지금 소수의 사람들이 전략적 통제센터에 앉아 이해하기 쉽게 만들어놓은 생경한 사상들을 수백만의 사람들에게 주입하고 있다. 대부분의 사람들은 힘들이지 않고 이런 사상들을 받아들이고 있고, 더 이상 아무 생각을 할 필요가 없게 되었다. 이런 교묘한 세뇌가 하루하루 진행되어 몇 년이 흘러가면 대중의 사고력은 영구적으로 손상을 입게 된다. 대중 이야기가 나왔으니 하는 말이지만, 대중은 사실 이런 사상을 제공하는 사람들에게 많은 돈을 지불하고 있다. 그렇게 하는 이유는 마땅히 자기의 책임 하에 독립적인 결정을 내려야 함에도 불구하고, 그런 힘들고 때로는 두려운 결정을 회피하기 위해서다.

그리 멀지 않은 과거로 돌아가 보자. 그때 사람들의 집은 그들의 성(城)이었고, 조용히 고독에 잠길 수 있는 확실한 은신처였다. 자긍심 강한 영국인들은 "하늘에서 내리는 비는 내 집 안으로 들이칠 수 있지만, 왕이라도 내 허락 없이는 내 집에 들어오지 못한다"라고 말했고, 실제로 그 말대로 살았다. 집은 말 그대로 그들의 보금자리였다! 그토록 신성한 곳이었기에 한 시인은 이렇게 노래했다.

오! 나무가 우거진 내 집에 안전히 거할 때
그리스와 로마의 오만을 밟아 뭉개노라.
저녁별이 그토록 성스럽게 비추는
소나무들 아래 팔을 펴고 누워
인간의 지식과 교만을,
소피스트 학파들과 지식인 족속을 비웃노라.
수풀에서 하나님을 만날 수 있는데
콧대 높은 그들이 모두 무슨 소용이 있는가?
작별인사를 건넨다.

_ 랠프 월도 에머슨

이런 이야기는 이 글의 주제에서 벗어나는 것이기는 하지만, 나는 앞으로 닥칠 미국 멸망의 가장 불길한 징조가 미국 가정의 붕괴라고 말하지 않을 수 없다. 이제 미국인들은 더 이상 집에서 살지 않고 영화관에서 산다. 많은 가정의 구성원들이 서로를 잘 모른다. 많은 아내들에게 남편의 얼굴만큼이나 친숙한 것이 TV에 등장하는 인기스타의 얼굴이다. 웃을 일이 아니다. 이런 불길한 현상 앞에서는 우는 것이 당연하다. 재앙을 피하겠다고 성조기(미국의 국기)로 온몸을 감싼다 해도 소용없을 것이다. 빵을 구하고 서커스를 구경하기 위해 영혼을 팔아먹은 국민으로 가득 찬 국가는 오래 가지 못한다.

우리의 조상들은 잠을 깊이 잤다. 우리는 단테의 〈신곡〉의 '지옥편'에 등장하는 그 무엇처럼 우리를 집어삼키는 상업광고의 소음 때문에 잠을 이루지 못하지만, 우리의 선조들은 깊은 수면을 즐겼다. 그들은 우리에게 훌륭한 유산을 남겨 주었다. 그 유산을 지키려면 우리도 그들처럼 튼튼한 국가를 만들어야 하는데, 이것은 오로지 그리스도인 가정에서만 가능하다.

고요한 곳에서 영적 집중력을 훈련하라

지금 이 시대는 역사상 그 어느 때보다 고독과 조용함을 요구하고 있다. 그런데 대중은 현재 상태에 만족하는 것 같고, 대다수의 그리스도인도 이 세대에 완전히 동화되어 버려서 역시 현재 상태에 만족하는 것 같다. 물론 금붕어 어항 속처럼 복닥거리는 현재의 환경과 시끄러운 소음에 약간 짜증이 날 때도 있겠지만, 문제를 해결하겠다고 나설 만큼 크게 짜증이 나는 것 같지는 않다.

하지만 소수의 하나님의 자녀들은 그렇지 않다. 그들은 고독과 단순함의 생활방식을 다시 배워 내면생활의 무한한 풍요로움을 즐기기 원하며, 맥스 라이히 박사(Dr. Max Reich, 토저의 지인-역자 주)가 '영적 홀로 있음'이라고 부른 것이 얼마나 복된 것인지를 알기 원한다. 이런 사람들을 위해 나는 이렇게 조언하고 싶다.

시끄러운 세상에서 날마다 물러나 은밀한 장소로 들어가라. 그곳이 침실이라도 좋다. 나는 다른 마땅한 곳이 없어서 보일러실을 이용하기도 했다. 주변의 소음이 당신의 마음 밖으로 더 빠져 나가고, 하나님의 임재의 느낌이 당신을 감쌀 때까지 조용한 그곳에 그대로 있어라. 불쾌한 소리들을 의도적으로 몰아내라. 내면에서 말씀하시는 분의 음성을 분명히 인식할 수 있을 때까지 집중해서 귀를 기울여라. 당신이 조용한 기도 장소에서 나올 때까지는 세상의 불쾌한 소리들을 듣지 않겠다고 굳게 결심하라.

다른 사람들과의 경쟁을 중단하라. 당신을 하나님께 온전히 드려라. 다른 이들이 어떻게 생각하는지 개의치 말고, 당신

본연의 모습을 찾아라. 당신의 관심사를 두세 개로 줄여라. '내게 도움이 안 되는 것이 무엇일까?'라는 고민을 중단하라. 깊이 없는 시시콜콜한 것들을 따라다니지 말라. 예를 들면 관련 없는 사실들을 전하는 토막 소식, 겉만 번지르르한 이야기, 알맹이 없이 듣기에만 멋있는 속담 같은 것 말이다.

순간마다 속으로 기도하는 법을 배워라. 그러면 얼마 후에는 일을 하면서도 기도할 수 있게 될 것이다. 진실과 어린아이 같은 솔직함과 겸손을 생활 속에서 실천하라. 사물을 올바로 볼 수 있는 바른 눈을 달라고 기도하라. 쓸데없는 책은 적게 읽고, 내면생활에 중요한 책은 더 많이 읽어라. 먼 곳에서 떠돌고 있는 생각들을 집으로 불러들여라. 영혼의 눈으로 그리스도를 계속 바라보라. 영적 집중력을 훈련하라.

방금 언급한 이런 모든 것을 이루려면 그리스도를 통해 하나님과 올바른 관계를 맺어야 하고, 날마다 성경을 묵상해야 한다. 이 두 가지 조건이 충족되지 못하면 다른 어떤 것에서도 도움을 얻을 수 없다. 하지만 두 가지가 전제된다면 이 모든 것들에서 확실한 성공을 거둘 수 있을 것이다. 그렇게 되면 외형주의의 악한 영향들이 무력화될 것이고, 하나님과 우리의 영혼은 더욱 깊이 알 수 있게 될 것이다.

3부 믿음은 실재다

더 깊은 묵상을 위한 질문들

1. 토저의 시대 이후로 생활은 더 복잡해졌다. 복잡함을 피해 고독 가운데 주님과 보내는 시간을 유지하기 위해 당신은 무엇을 하고 있는가? 단순함과 고독이 믿음의 성장에 그토록 중요한 이유는 무엇인가?

2. 스마트폰, 인터넷, 이메일 같은 의사소통 수단이 홍수를 이루는 이 시대에 "너희는 가만히 있어 내가 하나님 됨을 알지어다"(시 46:10)라는 말씀을 실천하는 것은 매우 어렵다. 문명의 이기(利器)의 포로가 되지 않고 오히려 그것을 사용해 하나님과의 관계를 더욱 깊게 하려면 어떻게 해야 하는가? 믿음생활을 든든히 지키려면 어떤 결심이 필요한가?

3. "문명세계가 사람들을 파괴하는 한 가지 방법은 스스로 생각하지 못하도록 막는 것이다." 우리에게는 여러 곳에서 반복적으로 제공하는 소식이나 메시지는 무조건 옳다고 믿는 경향이 있다. 세상의 사고방식을 무조건 받아들이는 것을 피하려면 메시지의 진실성을 판단해보아야 하고, "모든 생각을 사로잡아 그리스도에게 복종하게"(고후 10:5) 해야 한다. 이를 위해 우리가 해야 할 일은 무엇인가?

4. 모든 것이 너무나 빠른 속도로 진행되는 오늘날에는 고독과 조용함이 더 절실히 요구된다. 토저는 "대중은 현재 상태에 만족하는 것 같고, 대다수의 그리스도인도 이 세대에 완전히 동화되어 버려서 역시 현재 상태에 만족하는 것 같다"라고 말한다. 이 세대에 동화되지 않으려면 어떻게 해야 할까? 하나님을 믿는 신앙을 지키기 위해 우리가 할 수 있는 일이 무엇일까?

5. 신자들은 주의를 산만하게 하는 세상의 모든 것에 신경을 끊어야 하고, 기도와 성경공부를 통해 주님의 음성을 들을 수 있는 조용한 분위기를 만들어야 하며, 영혼의 눈으로 그리스도를 계속 바라볼 수 있는 시간과 장소를 따로 마련해야 한다고 토저는 조언한다. 이런 시간과 장소를 잃어버리지 않고 오히려 더욱 효율적으로 운용하려면 어떻게 해야 하는가?

13 chapter

성경의 세계는
실재다

    성경을 집중해서 읽다 보면, 성경이 드러내는 세상과 오늘날의 신앙인들이 생각하는 세상 사이에 뚜렷한 차이가 있다는 걸 알게 될 것이다. 그런데 그 차이라는 것이 좋은 의미의 차이가 아니다.

    성경에 등장하는 사람들이 본 세상은 인격적 존재들이 거하는 따뜻하고 친근한 세상이었다. 그 세계 안에는, 우선 그것을 만드신 하나님이 계셨다. 그분은 마치 성소에 거하시듯 그 세상 안에 여전히 거하셨다. 그곳에서는 인간의 마음이 깨끗하고 눈이 밝기만 하면, 동산의 나무들 사이에서 거니시는 그분을 볼 수 있었다. 또한 그곳에는 "구원 받을 상속자들을 위하여 섬기라고 [하나님께로부터] 보내심"(히 1:14)을 받은 존재들이 많이 있었다. 그리고 그곳에는 믿음의 사람들이 반드시 물리쳐야 하는 사악한 존재들도 있었는데, 그것들은 하나님께 기도로 호소하면 쉽게 물리칠 수 있는 세력이었다.

그러나 오늘날의 그리스도인들이 생각하는 세상은 이런 과거의 세상과 전혀 다르다. 과학은 우리에게 많은 유익을 안겨 주었지만, 또한 성경의 세계와는 완전히 다른 세계도 안겨주었다. 오늘날의 세계는 끝없이 넓은 세계로, 거기에는 맹목적이고 무의미한 천체들이 여기저기 흩어져 존재한다. 이것들은 불가항력적인 자연법칙에 의해서만 통제될 뿐이다. 세계는 차갑고 비인격적이며, 그 세계 안에는 오직 인간만이 거한다. 인간은 떨고 있는 작고 덧없는 존재로 땅에 매달려 있다. 윌리엄 워즈워스(William Wordsworth, 1770~1850. 영국의 자연파 계관 시인)의 표현을 빌려 말하면, "바위와 돌과 나무가 있는 지구를 타고 날마다 빙빙 돌아가고 있다".

그러나 성경의 사람들이 알았던 세상은 지극히 영광스러운 세상이었다! 야곱이 본 사다리는 하늘과 땅을 연결했는데, 그 위에 하나님이 서 계셨고, 천사들이 그 사다리를 타고 오르락내리락했다. 아브라함, 발람, 마노아는 하나님의 사자를 만나 이야기를 나누었다.

어디 이 세 사람뿐인가? 모세는 떨기나무 가운데 나타나신 하나님을 만났다. 이사야는 높이 들린 보좌에 앉으신 하나님을 보았고, 또 서로 번갈아 찬양하는 천사들의 소리가 성전에 가득 울려 퍼지는 것을 들었다. 에스겔은 큰 구름과 불이 펼쳐지는 것을 보았는데, 그 속에서 네 생물의 형상이 나타났다.

천사들이 예수님의 탄생을 알리기 위해 나타났고, 실제로 그분이 베들레헴에서 태어나셨을 때 또 나타나 찬양했다. 우리 주님께서 겟세마네 동산에서 기도하실 때 천사들이 그분을 도와 드렸다. 천사들은 성령의 감동으로 기록된 서신서들에서도 언급된다. 요한계시록은 맡은 사명을 부지런히 수행하는 기이하고 아름다운 피조물들의 등장으로 말미암아 현란한 분위기를 연출한다.

그렇다! 진정한 세계는 인격적 존재들이 거하는 세상이다. 현대의 그리스도인들은 눈이 멀었기 때문에 '보이지 않는 것들'을 보지 못하지만, 그렇다고 해서 영적 피조세계가 존재하지 않는 것은 아니다.

우리는 불신앙으로 인해 인격적 세계의 위안을 빼앗겼고, 공허하고 무의미한 과학적 세계를 진정한 세상으로 받아들였다. 하지만 과학은 물질적 존재들을 다룰 때에는 정당성을 갖지만 하나님과 영적 세계에 대해서는 알지 못한다.

우리는 믿음을 가져야 한다. 우리는 믿음에 대해 해명할 필요가 없다. 믿음은 인식의 수단이며, 궁극적 실재에 대해 과학의 온갖 발명보다 더 많이 알려주기 때문이다. 우리가 과학 자체를 반대하는 것은 아니지만, 과학 본래의 한계를 알기 때문에 그것의 한계 안에 머물지도 않는다. 성경은 과학적 방법들로는 도저히 발견할 수 없는 다른 깊은 세계의 존재에 대해 말해준다. 믿음으로 우리는 그 세계를 상대하며 그것을 우리의 것으로 만든다. 그리고 영원한 언약의 피가 우리를 그 세계로 들어가게 해준다. 믿겠다는 의지만 있다면, 지금이라도 하나님의 임재와 그분의 하늘 사자(使者)들의 도움이 우리에게 허락된다. 이런 '왕 같은 특권'을 얻지 못하도록 막는 것은 오직 불신앙뿐이다.

더 깊은 묵상을 위한 질문들

1. "성경에 등장하는 사람들이 본 세상은 인격적 존재들이 거하는 따뜻하고 친근한 세상이었다." 성경의 사람들이 보았던 인격적 세계가 당신에게 보이는가? 영적 세계를 볼 수 있는 비결은 무엇인가? 그 세계를 보기 위해 하나님이 하셔야 할 일과 당신이 해야 할 일이 무엇인가?

2. "과학은 물질적 존재들을 다룰 때에는 정당성을 갖지만 하나님과 영적 세계에 대해서는 알지 못한다." 당신은 이 말에 동의하는가? 동의하지 않는다면, 그 이유는 무엇인가? 동의한다면, 과학과 믿음의 관계가 어떻게 정리되어야 한다고 보는가?

3. "믿음은 인식의 수단이며, 궁극적 실재에 대해 과학의 온갖 발명보다 더 많이 알려"준다. 토저가 말하는 인식은 어떤 종류의 인식인가? 그가 말하는 '궁극적 실재'는 무엇을 의미하는가?

4. 토저는 하나님께서 이 세상에서 우리에게 주시기 원하는 '왕 같은 특권'을 얻지 못하도록 막는 것은 불신앙뿐이라고 지적한다. 당신은 특정한 시기에 이 특권을 빼앗긴 적이 있는가? 만일 그렇다면, 어떻게 하나님께서 '왕 같은 특권과 지위'를 다시 허락하셨는지 돌아보라.

chapter 14

믿음에 경건한 의문을 던져라

믿음을 가지려고 끊임없이 노력하는 중에 간과하기 쉬운 사실이 하나 있다. 그것은 영적 성장을 위해 믿음만큼 중요한 것이 약간의 건전한 의문이라는 것이다.

여기서 조금 더 나아가 나는 경건한 회의를 품는 것도 도움이 될 수 있다고 말하고 싶다. 경건한 의문을 품는 사람은 그렇지 않은 사람들이 때때로 빠지게 되는 무수한 신앙적 수렁을 피할 수 있게 된다. 어떤 것들을 회의하는 것은 죄가 아니며, 오히려 모든 것을 믿는 것이 치명적일 수 있다.

믿음은 모든 참된 예배의 뿌리이며, "믿음이 없이는 하나님을 기쁘시게 하지 못하나니"(히 11:6)라는 말씀은 진리이다. 불신앙을 통해 하나님을 기쁘게 해드리는 것은 불가능하다. 이스라엘은 불신앙 때문에 약속들을 받지 못했다.

"너희는 그 은혜에 의하여 믿음으로 말미암아 구원을 받았으니"(엡 2:8).

"오직 의인은 믿음으로 말미암아 살리라"(롬 1:17).

이런 성경구절들이 머리에 계속 떠오를 때 우리는 의문이 선하고 유용한 결과를 낳을 수도 있다는 말에 약간 눈살을 찌푸리게 된다. 이런 말을 들으면, 성경이 가르치는 믿음의 교리를 대담하게 거부하는 것처럼 느껴지고, 의문을 옹호하는 뻔뻔스런 사람을 현대주의자로 낙인찍고 싶은 마음이 생긴다. 그러나 너무 성급하게 판단하지 말고 조금 더 깊이 생각해보자.

잘 속는 그리스도인들의 위험한 논리

사실 '잘 속는 것'이 믿음은 아니다. 모든 것을 믿는 사람은 아무것도 믿지 않는 사람만큼이나 하나님에게서 멀리 떨어져 있다고 할 수 있다. 진정한 믿음은 하나님과 그분의 약속들을 받아들여 온전한 확신 가운데 평안을 맛보는 것이다. 믿음은 하나님의 품성과 말씀에서 나오는 모든 것을 '변경할 수 없는 최종적 진리'로 받아들인다. 하나님이 말씀하셨다는 사실이 증명되면 믿음은 그에 대해 더 이상 의문을 제기하지 않는다. 성경은 "사람은 다 거짓되되 오직 하나님은 참되시다 할지어다"(롬 3:4)라고 말한다. 그렇다! 믿음은 하나님을 의로운 분으로 믿기 때문에 그분을 높인다. 그래서 믿음이 있는 사람은 자기의 오감(五感)의 증거를 거부하고 그분의 증거를 받아들인다. 이것이 믿음이다. 이런 믿음은 아무리 많이 가져도 지나치지 않다.

그러나 '쉽게 믿는 것'은 결코 하나님을 높이지 못한다. 그분을 믿는 것만큼 다른 누구라도 쉽게 믿어버리는 경향이 있다. 쉽게 믿는 사람은 유별난 것이라면 무조건 믿어버린다. 특이한 것일수록 더 열정적으로 믿는다. 기괴한 것, 불가사의한 것, 또는 비현세적(非現世的)인 것에 대해 누군가 말해주면, 눈 하나 깜짝 하지 않고 얼른 받아들인다.

잘 속는 사람은 특이하게 보이는 것은 무엇이든지 삼켜버리는 타조와 같다. 타조는 오렌지, 테니스 공, 잘 익은 사과와 같은 것들을 보는 즉시 삼켜버린다. 심지어 주머니칼도 삼킨다(칼날이 케이스 속에 있든 밖으로 노출되었든 상관하지 않는다). 이런 타조가 죽지 않고 사는 것은 머리가 좋기 때문이 아니라 체질이 강하기 때문이다.

나는 타조 정도의 분별력 밖에 없는 그리스도인들을 만나보았다. 그들은 자기가 '어떤 것들'을 믿어야 하기 때문에 '모든 것들'을 믿어야 한다고 생각한다. '보이지 않는 것들'을 받아들여야 한다고 배웠기 때문에 '믿을 수 없는 것들'까지도 덥석 받아들인다. 하나님께서 기적을 일으키실 수 있고 또 실제로 일으키시기에 기적 비슷한 것만 봐도 무조건 하나님으로부터 온 것이라고 믿는다. 하나님께서 사람들에게 말씀하신 적이 있으시니 그분의 계시를 받았다고 주장하는 모든 사람을 선지자로 인정한다. 세상에 속한 것이 아니라면 모두 하늘에 속한 것이라고 여긴다. 설명할 수 없는 것이라면 모두 하나님에게서 왔다고 믿는다. 선지자들이 배척당했으므로, 배척당하는 사람은 모두 선지자라고 본다. 성도들이 사람들로부터 오해를 받았으므로, 오해받는 사람은 모두 성도라고 생각한다. 이것이 '잘 속는 그리스도인들'의 위험한 논리인데, 사실 불신앙만큼이나 해를 끼칠 수 있다.

영혼의 독성 물질을 배출시키는 백혈구

건강한 영혼에는 건강한 혈류(血流)처럼 적혈구와 백혈구의 비율이 적당하다. 믿음은 적혈구 같다. 적혈구는 생명을 주는 산소를 신체의 모든 부분에 공급한다. 의문은 백혈구와 같다. 백혈구는 독성 물질에 달려들어 그것을 배출시킨다. 이렇게 두 종류의 세포가 함께 일하며 세포조직의 건강을 유지한다. 독성 물질을 생명의 흐름 밖으로 계속 배출할 수 있는 장치가 있어야 건강한 영혼이다. 너무 쉽게 믿는 사람은 이것을 이해하지 못한다. 무엇이든 믿는다. 무엇이든 긍정하며 종교적 낙관주의를 자꾸 키운다. 결국, 자기가 속는다는 것조차 모르고 속는다.

하나님을 믿는 사람은 오컬트(occult: 하나님이 아닌 다른 것에서 초자연적 힘을 얻으려는 점성술, 흑 마술, 사탄숭배, 영매와의 상담 등을 총칭하는 말-역자 주)와 비교(秘敎)의 냄새가 나는 것들에 대해 이의를 제기하는 건강한 의문을 품어야 한다. 종교라고 자처하는 섬뜩하고 기괴한 것들이나 수점(數占), 점성술, 강신술을 모두 거부해야 한다. 이런 것들은 독성 물질이기 때문에 진정한 그리스도인의 삶에 침투해서는 안 된다.

그리스도인에게는 그리스도가 계시다. 그분이 길이요 진리요 생명이시다. 우리에게 다른 무엇이 더 필요하겠는가?

더 깊은 묵상을 위한 질문들

1 "믿음은 하나님과 그분의 약속들을 받아들여 온전한 확신 가운데 평안을 맛보는 것이다." 최근에 당신이 굳게 붙든 하나님의 약속들은 무엇인가? 그분을 향한 당신의 믿음은 곁길로 빠져나가고 있는가, 정체 상태에 있는가, 아니면 앞으로 전진하고 있는가? 그분의 품성에 대한 당신의 이해와 그분의 약속들에 대한 당신의 신뢰 사이에 어떤 관계가 있는지 깊이 생각해보라.

2 "'잘 속는 것'이 믿음은 아니다. 모든 것을 믿는 사람은 아무것도 믿지 않는 사람만큼이나 하나님에게서 멀리 떨어져 있다." '잘 속는 것'과 '모든 것을 믿는 것'이라는 두 가지 극단이 하나님을 믿는 믿음과 양립하기 힘든 이유는 무엇인가? 아무것이나 믿어버리는 친구가 있다면 그에게 어떤 도움을 줄 수 있는가?

3 "하나님이 말씀하셨다는 사실이 증명되면 믿음은 그에 대해 더 이상 의문을 제기하지 않는다." 하나님이 당신에게 말씀하신 바가 있다면 정리해보라. 그리고 그분의 음성에 어떻게 반응했는지도 적어보라. 그분의 음성에 반발했는가 아니면 동의했는가? 이런 과정이 그분을 향한 당신의 믿음에 어떤 영향을 끼쳤는가?

4 "하나님을 믿는 사람은 오컬트와 비교(秘敎)의 냄새가 나는 것들에 대해 이의를 제기하는 건강한 의문을 품어야 한다." 우리에게는 그리스도가 계시다. 그분은 길이요 진리요 생명이시다. 그러나 "[우리의] 마음이 그리스도를 향하는 진실함과 깨끗함에서 떠나 부패"(고후 11:3)하기 쉽다. '그리스도를 향하는 진실함과 깨끗함'에 등급을 매긴다면 당신은 몇 등급 정도에 해당한다고 여겨지는가?

15 chapter

존재와 행동은
선택사항이 아니다

　역사적으로 보면, 서양은 대체로 '행동'을 강조하고 동양은 '존재'를 강조하는 경향을 보였다. 동양인에게는 '우리는 무엇인가?'라는 문제가 언제나 더 중요하게 보였다. 반면 서양인은 우리가 행하는 것에서 만족을 느끼기 원했다. 한쪽은 '존재하다; ~이다'(to be)라는 동사를, 다른 쪽은 '행하다'(to do)라는 동사를 중시했다.

　만일 인간의 본성이 완전하다면 '존재'와 '행동' 사이에 불일치는 없을 것이다. 인간이 타락하지 않았다면 자신의 내적 생각에 대해 재고(再考)하지 않고 그 생각대로 살아갈 것이다. 그의 행동은 그의 내면의 솔직한 표현이 될 것이다.

죄로 인해 깨어진 균형

그러나 타락한 인간의 본성이 완전하지 않기 때문에 문제가 그렇게 간단하지 않다. 죄가 인간을 도덕적 혼란에 빠뜨렸고, 인생은 복잡하고 어렵게 되었다. 무의식적 조화 가운데 서로 협력하도록 만들어진 우리 내면의 요소들이 종종 서로에게서 완전히 또는 부분적으로 고립되어 사실상 서로에게 적대적으로 변하는 경향이 생겼다. 이런 이유 때문에 인격의 균형을 잡는 것이 매우 어려워졌다.

'존재'와 '행동' 사이의 적대 관계는 깊은 내면적 혼란 때문에 생긴다. 우리는 어떤 동사를 강조하느냐에 따라 '존재 중심적 인간' 또는 '행동 중심적 인간' 중 하나가 된다. 그런데 문명화된 현대사회는 거의 대부분 '행동'을 강조하는 경향을 보인다.

그리스도인들도 이 문제를 피해갈 수 없다. 우리는 하나님이 어떤 것을 강조하시는지를 알아서 그분의 뜻에 따라야 한다. 이렇게 하는 것이 아주 어려운 일은 아니다. 우리에게 영적 교훈을 충분히 제공해주는 성경이 있기 때문이다. 물론 성경을 올바로 해석하려면 성경에 감동을 불어넣으신 성령의 도움을 받아야 한다.

진리를 배울 수 있는 기회가 넘쳐나지만 우리 대부분은 아직도 배우는 것이 느리다. 의문을 제기하는 일 없이 그저 받아들이고, 이유를 모른 채 따라가는 경향이 강하다. 그러다 보면 다른 그리스도인들 대부분이 특정한 때 붙드는 것도 의문 없이 무조건 참된 것으로 받아들이게 된다. 무엇인가를 독창적으로 시작하는 것보다 남들을 그냥 따라하는 것을 더 좋아하게 된다. 행렬이 어디로 가는지 묻지도 않은 채 따라가면서 그냥 옆 사람과 보조를 맞추어 걷는 것이 더 쉽고 당분간은 더 안전하다고 여긴다.

이런 이유로 인해 '존재'는 더 이상 매력적으로 보이지 않고 '행동'이 거의 모든 이의 관심을 사로잡게 되었다. 현대의 그리스도인들은 균형을 잃어버렸다. 그들은 내면생활에 대해 거의 모른다. 내부장식은 하나 없이 외부만 장식해놓은 성전(聖殿) 같다. 오, 이스라엘아! 색깔, 빛, 소리, 겉모양, 움직임과 같은 것들이 너희의 신(神)이 되었구나!

잉글랜드의 복음전도자인 레오나드 레이븐힐(Leonard Ravenhill)은 "오늘날의 교회는 경건이 아니라 소동(騷動)을 강조한다"라고 말했다. 복음주의 교단들이 종교적 외향성을 너무 극단적으로 추구하면서 그것의 건전성에 대해 의문을 제기하고 싶은 생각을 가진 사람이 거의 없어졌고, 그런 의문을 제기할 수 있는 용기를 가진 사람은 더더욱 없어졌다.

이제는 외형주의가 판을 친다. 이제 하나님은 바람과 지진을 통해서만 말씀하시는 분으로 이해된다. 그분의 세미한 음성은 더 이상 들리지 않는다. 거대한 종교적 제도는 시끄러운 소리만 낼 뿐이다. 천둥소리 같은 자동차 배기음(排氣音)과 경적을 좋아하는 젊은이들의 취향이 현대 그리스도인들의 행동에 스며들었다.

"인간의 최고 목적이 무엇인가?"라는 옛 질문에 대한 대답이 "세상 이곳저곳을 질주하며 더 시끄럽게 만드는 것입니다"라는 것으로 바뀌어 버렸다. 그런데 어처구니없게도 이런 모든 일이 "그는 다투지도 아니하며 들레지도 아니하리니 아무도 길에서 그 소리를 듣지 못하리라"(마 12:19)라는 예언의 주인공이신 분의 이름으로 행해지고 있다(마 12:18-21 참조).

능력은 견실한 내적 생명에서 나온다

반드시 필요한 개혁을 시작하려면 '외형주의가 영적으로 정당한 것인가?'라는 의문부터 제기해야 한다. '인간이 어떤 존재인가'라는 질문이 '무엇을 행하는가'라는 질문보다 더 중요하다는 사실을 모두가 알아야 한다.

어떤 행동이 도덕성을 가지려면 당연히 마음에서 나와야 하지만, 유감스럽게도 지금은 내면이 아닌 외형에서 출발하는 종교 활동이 너무 많다. 이런 활동은 도덕성이 전혀 없거나 거의 없고, 모방이나 습관적 사고방식에서 나오는 것이며, 현재 유행하는 '소동'이라는 우상을 따르는 것으로 견실한 내적 생명이 결여되어 있다.

이제 교회는 "이 비밀은 너희 안에 계신 그리스도시니 곧 영광의 소망이니라"(골 1:27)라는 메시지를 다시 굳게 붙들어야 한다. 안절부절 못하고 거의 날뛰다시피 하는 그리스도인이 많은 이 세대에게 우리가 보여주어야 할 것은, 능력이 견실한 내적 생명에서 나온다는 사실이다.

시끄러운 소리와 속도는 연약함의 표시이지 강함의 표시가 아니다. 본래 영원은 조용하고, 시간은 시끄러운 법이다. 우리가 시간에 자꾸 매료당한다는 사실은 기본적으로 우리에게 믿음이 없다는 것을 말해주는 슬픈 증거이다. 극적으로 행동하기를 갈망하는 것은 우리의 신앙이 제대로 성장하지 못하고 있다는 증거이며, 유치원 같은 곳에서 흔히 볼 수 있는 자기과시의 일종일 뿐이다.

더 깊은 묵상을 위한 질문들

1. 존재와 행동 사이에서 균형과 조화를 이루는 것은 매우 어렵다. 행동은 존재에서 흘러나와야 한다. 그러나 토저의 지적에 의하면, "문명화된 현대사회는 거의 대부분 행동을 강조한다." 이런 불균형은 우리의 신앙생활에 어떤 영향을 주는가?

2. 토저는 "현대의 그리스도인들은 균형을 잃어버렸다. 그들은 내면생활에 대해 거의 모른다"라고 말한다. 어떻게 해야 성경적 균형을 회복할 수 있는가? 잘못된 불균형을 바로잡는 것이 신앙인과 교회에 그토록 절실히 필요한 이유는 무엇인가?

3. 오늘날의 교회는 경건이 아니라 소동을, 마음의 내적 문제가 아니라 외형주의를, 성령의 능력 안에서의 조용한 진보가 아니라 소란스런 종교적 활동을 강조한다고 토저는 지적한다. 그의 지적이 당신의 개인적 영성과 교회에 어떻게 적용되는지 깊이 생각해보라. 우리는 이 문제를 어떻게 해결할 수 있는가?

4. 열왕기상 19장 11,12절을 읽고, '세미한 소리'의 의미에 대해 묵상해보라. 만일 우리가 하나님의 말씀을 토네이도나 지진이나 불을 통해서만 들을 수 있다면, 그분을 믿는 믿음과 우리의 행함에 어떤 문제가 있는가?

5. "시끄러운 소리와 속도는 연약함의 표시이지 강함의 표시가 아니다. 본래 영원은 조용하고, 시간은 시끄러운 법이다. 우리가 시간에 자꾸 매료당한다는 사실은 기본적으로 우리에게 믿음이 없다는 것을 말해주는 슬픈 증거이다." 당신은 헐레벌떡 바쁘게 뛰어다니는가, 아니면 주님 앞에서 조용히 귀를 기울이는가? 당신의 삶에는 그분을 믿는 믿음의 진보가 나타나고 있는가?

기독교는 가진 자들의 종교인가

 기독교는 전통적으로 보통 사람들의 종교였다. 상류층 사람들이 기독교를 대규모로 받아들였을 때에는 언제나 기독교가 살아남지 못했다. 사회적 신분이 높은 것과 기독교는 거의 언제나 상극(相剋)이었다. 이렇게 된 원인을 찾자면 두 가지가 있다. 하나는 인간적인 원인이고, 다른 하나는 신적인 원인이다.

높이 올라갈수록 쇠퇴하는 기독교

 슐라이어마허(Schleiermacher, 1768~1834. 독일의 신학자 및 철학자)의 견해에 따르면, 모든 종교의 뿌리에는 '의존(依存)의 감정', 즉 '피조물의 무력감'이 있다고 한다. 땅에 가까이 사는 평범한 사람은 죽음에도 가깝다. 그는 자기가 아닌 어떤 다른 존재에게 도움을 구해야 하며, 자신과 파멸 사이에 한 걸음의 간격 밖에 없다는 걸 잘 알고 있다. 하지만 그런 사람도 사회적으로나 경제적으로 높은 자리에 오르게 되면 자기 둘레에 더 많은 보호장치를 만들어 위험을 점점 더 멀리 밀어낸다(적어도, 위험을 더 멀리 밀어냈다고 생각한다). '의존의 감정'이 사라지고 대신 그 자리에 자신감이 들어오면서 하나님의 필요성은 점점 더 줄어든다.

만일 이런 사람이 조용한 시간을 내어 깊이 생각할 수 있다면, 세상의 일들과 사람들을 믿는 것이 어리석다고 느낄 것이다. 그러나 도덕적 타락으로 인해 망가진 인간은 스스로를 완전히 속일 수 있으며, 여건이 허락된다면 그런 자기기만을 평생 버리지 않을 수 있다.

재물과 지위에서 오는 안정감뿐만 아니라 교만도 '죄인을 기다리고 계신 구주'를 향해 마음의 문을 꽁꽁 걸어 잠그게 만든다. 높은 사람이 교회에 찾아와 교회를 빛내줄지라도 교만한 그 사람의 행위에는 생명이 없다. 그의 종교는 외형적이고, 신앙은 이름뿐이다. 자신이 높은 지위에 올랐다는 생각이 그를 망친 것이다.

기독교인들의 사회적 지위가 점점 높아짐에 따라 기독교가 쇠퇴하는 경향이 나타나는 두 번째 이유는 하나님께서 사람들을 세상의 기준에 의해 차별하시거나 그분의 영광을 누구와 나누지 않으시기 때문이다. 이 점에 대해 사도 바울은 고린도전서에서 아주 분명하게 언급한다.

"하나님의 어리석음이 사람보다 지혜롭고 하나님의 약하심이 사람보다 강하니라 형제들아 너희를 부르심을 보라 육체를 따라 지혜로운 자가 많지 아니하며 능한 자가 많지 아니하며 문벌 좋은 자가 많지 아니하도다 그러나 하나님께서 세상의 미련한 것들을 택하사 지혜 있는 자들을 부끄럽게 하려 하시고 세상의 약한 것들을 택하사 강한 것들을 부끄럽게 하려 하시며 하나님께서 세상의 천한 것들과 멸시 받는 것들과 없는 것들을 택하사 있는 것들을 폐하려 하시나니 이는 아무 육체도 하나님 앞에서 자랑하지 못하게 하려 하심이라"(고전 1:25-29).

하나님은 인류의 속량을 위해 그분의 아들을 보내실 때 노동자의 가정에서 태어나게 하셨고, 그분의 아들은 성장해서 '신분이 낮은 사람'이 되셨다. 그리스도는 이스라엘에 나타나 지상(地上) 사역을 시작하셨지만, 신분 높은 사이비 종교인들에게 배척당하셨기 때문에 가난하고 평범한 사람들 중에서 대부분의 제자들을 찾으셔야 했다.

오순절에 성령이 임하시고 교회가 세워졌을 때 최초의 교인들은 사회적으로 천대받는 사람들이었다. 몇 세대에 걸쳐 낮은 계층의 사람들이 교인이 되었다. 이따금 개인적인 예외가 있었는데, 다소(Tarsus)의 사울이 대표적인 경우이다.

오순절 성령강림 이후 몇 세기 동안 참된 기독교의 길은 예수께서 지상에서 행하실 때 걸으셨던 길과 아주 유사한 모습을 보였다. 즉, 높은 자들에게는 배척받고 낮은 자들에게는 환영을 받았다. 그런데 교회가 제도화된 이후로는 교회가 가난한 적이 없었고, 교회의 인원수를 늘리는 데 도움을 주는 힘 있고 유명한 사람들이 부족한 적이 없었다. 하지만 영적 능력은 없었다.

미천한 사람들을 기뻐하신 하나님

하나님이 기뻐하신 사람들은 거의 언제나 미천한 소수 그룹이었다. 이 땅에 살아 있을 때 무시당했던 그들은 죽음 이후 천국에 가서 몇 십 년 동안 평안히 지낸 후에야 비로소 이 땅에서 겨우 인정받을 수 있었다.

그러나 오늘날은 어떤가? 우리는 이상할 정도로 역사의 교훈을 무시한다. 우리 복음주의자들이 너무 부유하고 너무 잘나서 오히려 영적으로 해를 입는 징후들이 여기저기서 나타나고 있다. 사회에서 받아들여지고 세상에서 인정받기 위해 애를 쓰다 보니까 실제로 그렇게 되었다. 이제는 높고 힘 있는 사람들이 우리를 바라본다. 세상이 우리 쪽으로 넘어와서 끼어들려는 것 같다.

그런데 그들을 받아들이려면 우리 쪽에서도 양보가 있어야 하는데, 사실상 축자영감설, 특수창조설(special creation: 우주와 그 안의 모든 생명이 하나님의 말씀에 의해 현재의 형태로 창조되었다고 믿는 신학사상-역자 주), 세상과의 단절 교리(the doctrine of separation: 교회의 구성원은 세상과 단절해야 하며, 세상에 속한 사람들과 교류해서는 안 된다는 주장-역자 주) 및 종교적 관용 같은 문제들에서 이런저런 부분을 약간 남겨놓고는 거의 다 양보해 버렸다.

복음주의적 기독교는 '가진 자들'의 종교로 신속히 변해가고 있다. 아주 유복한 사람, 중상류층 사람, 정치적으로 막강한 사람 그리고 유명인들이 수천 명씩 몰려와 기독교를 받아들이고 교회 문 밖에 고급 승용차를 세워놓는다. 교회 지도자는 이걸 보고 입이 귀에 걸릴 정도로 좋아하지만, 그가 전혀 모르는 것 같은 사실이 하나 있다. 그것은 영광의 주님에 힘을 보태줄 것으로 예상되는 이 새로운 후원자들의 대다수가 자신의 도덕적 습관을 조금도 바꾸지 않았다는 것이다. 그들은 교회를 세운 경건한 믿음의 조상들이 깐깐히 요구했을 법한 참된 회심의 증거를 전혀 보여주지 못한다.

역사는 위대한 선생이지만, 역사에서 배우기를 원치 않는 자들까지 가르칠 수는 없다. 내가 볼 때, 우리도 역사에서 배우기를 원치 않는다.

더 깊은 묵상을 위한 질문들

1 "땅에 가까이 사는 평범한 사람은 … 자기가 아닌 어떤 다른 존재에게 도움을 구해야 하며, 자신과 파멸 사이에 한 걸음의 간격 밖에 없다는 걸 잘 알고 있다. 하지만 그런 사람도 사회적으로나 경제적으로 높은 자리에 오르게 되면 자기 둘레에 더 많은 보호 장치를 만들어 위험을 점점 더 멀리 밀어낸다." 당신에게도 이런 '보호장치'가 있는가? 이런 것들은 하나님을 의지하는 믿음을 어떻게 허무는가?

2 세상적인 것들과 사람들을 의지하면 점점 더 큰 파괴적인 결과가 생길 수 있다. 예를 들어, 재물과 지위를 신뢰하면 교만해지고, 교만해지면 '기다리고 계신 구주'를 향해 마음의 문을 꽁꽁 걸어 잠그게 된다. 이런 자기기만의 사슬을 끊으려면 어떻게 해야 하는가? 이를 위한 실제적 방법을 몇 가지 생각해보라.

3 토저는 복음주의적 기독교가 초대교회처럼 사회적 약자들의 종교가 아니라 가진 자들의 종교로 급속히 변해 가는 현상을 꿰뚫어보았다. 이런 현상이 하나님을 믿는 신앙을 좀먹고 있다면, 당신은 개인적으로 어떤 대책을 세워야겠는가?

4 토저는 제도화된 교회가 가난했던 적이 없었고, 교회의 인원수를 늘리는 데 도움이 될 만한 힘 있고 유명한 사람들도 부족하지 않았지만, 이런 교회에게는 영적 능력이 없다고 말한다. 능력을 잃어버린 교회의 징후는 무엇인가? 교회의 능력상실에 대응할 수 있는 개인적 방법은 무엇인가?

chapter 17

세상 :
놀이터인가 전쟁터인가

　세상의 일들은 그 자체로도 중요하지만, 그에 못지않게 중요한 것은 그것들을 어떻게 보느냐이다. 어찌 보면 사물을 대하는 우리의 태도가 사물 자체보다 더 중요할 수도 있다.

　사실, 이것은 모두가 아는 이야기이다. 오래 써서 닳은 10센트짜리 동전만큼이나 우리에게 친숙한 것이다. 하지만 이 동전에는 진리가 새겨져 있다. 이 진리가 친숙하다는 이유로 배척당해서는 안 된다.

　묘한 것은 사실이 변치 않고 고정된 채로 있어도, 그것에 대한 해석이 시대의 변화와 세월의 흐름에 따라 변한다는 것이다. 하나의 예를 들자면, 우리가 살고 있는 이 세계를 보자. 이 세상은 지금 여기에 있고, 또 장구한 세월 동안 여기에 있어 왔다. 이것은 시간의 흐름에 전혀 영향을 받지 않는, 움직일 수 없는 사실이다. 그러나 현대인의 세계관은 선조들 때와 매우 다르다. 여기서 우리는 해석의 힘이 얼마나 큰 지를 보게 된다. 우리 모두에게 있어서 세계는, 단지 그 자체로 끝나는 것이 아니라 그에 대한 우리의 해석에 의존한다. 그리고 우리의 해석이 얼마나 건전한가에 따라 엄청난 화(禍)가 닥칠 수도 있고 큰 복(福)이 임할 수도 있다.

세상을 전쟁터로 여긴 믿음의 사람들

멀리 갈 것도 없이 미국의 건국과 초기 발전 단계로 거슬러 올라가 생각해보자. 우리는 현대 미국인들의 태도와 그 선조들의 태도 사이에서 엄청난 차이를 볼 수 있다. 기독교가 미국인의 사고방식에 지배적 영향을 끼쳤던 초기 단계에는 사람들이 세상을 전쟁터로 보았다. 선조들은 죄와 마귀와 지옥이 하나의 세력을 형성하고, 하나님과 의와 천국이 또 하나의 세력을 형성한다고 보았다. 이 두 세력은 본질상 서로 화해할 수 없는 깊고 엄중한 적의(敵意)를 드러내며 영원히 대립한다.

선조들은 인간이 이런 대립 속에서 중립지대에 머물지 않고 어느 한쪽을 선택해야 한다고 보았다. 인간은 생명과 죽음, 천국과 지옥 사이에서 선택해야 했다. 만일 하나님 편을 택한다면 그는 그분의 원수들에게 확실하게 선전포고를 해야 했다.

그들과의 전쟁은 목숨을 건 진짜 전쟁이 되었고, 이 땅에서의 삶이 지속되는 한 계속되었다. 천국은 전쟁을 마치고 돌아가는 고국이었고, 그들을 위해 마련된 본향을 평안히 즐기기 위해 칼을 내려놓는 곳이었다.

당시의 설교와 찬송가에서는 종종 전쟁의 분위기나 향수병(鄕愁病)의 흔적마저 느껴졌다. 그리스도인 병사는 본향과 안식과 재회를 그리워했고, 전쟁의 종식과 승리의 획득에 대해 노래할 때면 목소리가 애조를 띠었다. 적의 포화를 향해 돌진을 하든 전쟁의 종식과 아버지의 환대가 기다리는 본향을 꿈꾸든 간에, 자기가 어떤 세상에서 살고 있는지를 늘 생각했다. 세상은 전쟁터였고, 많은 신앙인이 그곳에서 부상이나 죽임을 당했다.

그들의 이런 세계관은 의심할 바 없이 성경적 세계관이다. 성경의 많은 표현이 싱징과 은유라는 사실을 감안한다 할지라도, 어마어마한 영적 세력들이 세상에 존재하며 인간은 그의 영적 특성으로 인해 어중간한 상태에 처해 있다는 것이 성경의 확실한 교훈이다. 악한 세력은 인간을 파멸에 빠뜨리려고 골몰하지만, 그리스도께서는 복음의 능력을 통해 인간을 구원하려고 찾아오신다. 구원을 얻으려면 인간이 믿음과 순종을 통해 하나님 편으로 넘어와야 한다. 요컨대 이것이 우리 선조들의 세계관이었다. 우리는 이것이 성경의 가르침이라고 믿는다.

세상을 놀이터로 보는 사람들

그러나 오늘날의 상태는 얼마나 다른가! '사실'은 과거나 지금이나 동일하지만 '해석'은 완전히 달라졌다. 이제 사람들은 세상을 전쟁터가 아니라 놀이터로 이해한다. 싸우기 위해서가 아니라 장난치며 놀기 위해 이 땅에 있다고 생각한다. 이 세상을 낯선 땅이 아니라 고향이라고 본다. 고향에서 살기 위해 준비하는 것이 아니라 이미 살고 있다고 생각한다. 절제와 좌절의 족쇄를 끊어버리고 이 땅에서의 삶을 최대한 즐기는 것이 최선의 삶이라고 본다.

이런 사고방식이 현대인의 종교 철학의 핵심이다. 이런 철학을 공개적으로 고백하는 사람은 수없이 많고, 공개적 고백 없이 조용히 이 철학에 따라 사는 사람은 더 많다.

과거와 다른 이런 세계관이 이제까지 그리스도인들에게 영향을 미쳐왔고, 또 지금도 영향을 미치고 있다. 성경적 신앙을 고백하는 복음주의 그리스도인들도 예외는 아니다. 비유적으로 말하자면, 덧셈을 교묘한 방법으로 해서 잘못된 합계를 얻었으면서도 자기들의 계산이 옳다고 우긴다. 나의 이 말이 터무니없는 것 같지만 사실이다.

복음주의 그리스도인 대다수가 실제 생활 속에서 이 세상을 전쟁터가 아닌 놀이터로 삼아 살아가고 있다. "당신에게 이 세상은 전쟁터입니까 놀이터입니까?"라는 질문을 갑자기 받으면 대답을 얼버무릴 것이다. 하지만 그들의 행동은 이미 그들의 속마음을 드러내고 있다. 양다리를 걸친 채 그리스도도 좋아하고 세상도 좋아한다. 그들은 밝은 표정을 지으며 "그리스도를 영접한다고 해서 재미있는 것들을 포기할 필요는 없습니다. 기독교야말로 이 세상에서 가장 즐겁고 재미있습니다"라고 말한다.

이런 인생관을 가진 사람들의 예배는 그런 인생관만큼이나 본질에서 멀리 떨어져 있다. 그런 예배는 쫙 빼입은 술꾼과 샴페인만 없을 뿐이지 종교화된 나이트클럽에서 노는 것과 다를 바 없다.

이런 현상이 최근 너무 극심해졌기 때문에 이제 모든 그리스도인은 자기의 영적 철학을 성경에 비추어 재검토하고 성경의 교훈에 따라야 한다. 그렇게 하려면 전에는 옳다고 믿었지만 이제는 잘못된 것으로 드러난 많은 것들을 버려야 할 것이다.

하나님과 내세에 대해 올바른 견해를 가진 사람이라면 올바른 세계관도 가져야 하며, 자기와 세상과의 관계도 올바로 정립해야 한다. 이것은 우리가 소홀히 다루어서는 안 되는 지극히 중요한 문제이다.

더 깊은 묵상을 위한 질문들

1. 우리 선조들은 삶이 영적 전쟁이므로 사람은 중립지대에 머물 수 없고 양자택일을 해야 한다고 믿었다. 토저의 말처럼 이런 세계관이 현대의 종교적 견해보다 더 성경에 가깝다면, 영적 전쟁을 소홀히 여기는 사람에게 생길 수 있는 위험은 무엇인가? 세상을 전쟁터로 보는 세계관을 마음속에서 더욱 심화시키려고 할 때 우리의 기도가 도움을 줄 것이다.

2. 세상이 부상자와 사망자로 가득한 전쟁터라면, 우리의 삶을 믿음의 눈으로 본다는 것은 어떤 것인가? 이런 관점에서 에베소서 6장 10-17절을 묵상해보라.

3. 만일 이 세상을 전쟁터가 아니라 놀이터로 본다면, 이런 세계관은 말이 아니라 삶의 우선순위에서 드러날 것이다. 당신의 우선순위에서 가장 앞서는 것 다섯 가지를 적어보라. 그것들이 하나님의 우선순위와 일치하는가?(마 6:33 참조) 그렇지 않다면, 당신의 우선순위가 어떻게 바뀌어야 할지 생각해보라.

4. 토저의 지적에 의하면, 대부분의 그리스도인은 세상을 놀이터로 본다고 인정하기를 싫어한다. "하지만 그들의 행동은 이미 그들의 속마음을 드러내고 있다. 양다리를 걸친 채 그리스도도 좋아하고 세상도 좋아한다." 이런 정신 상태가 믿음생활과 복음전도와 다른 이들의 제자화에 악영향을 끼치는 이유는 무엇인가?

5. 세상을 놀이터로 보는 신자들에 대한 토저의 말에 담긴 의미를 깊이 생각해보라. "이런 인생관을 가진 사람들의 예배는 그런 인생관만큼이나 본질에서 멀리 떨어져 있다. 그런 예배는 쫙 빼입은 술꾼과 샴페인만 없을 뿐이지 종교화된 나이트클럽에서 노는 것과 다를 바 없다."

Fiery Faith

4
믿음은 행동이다

믿음은 행동을 낳아야 한다

　기독교의 최고 목적은 인간이 '하나님을 닮은 존재'가 되어 결국에는 '그분처럼 행동하는 것'이다. 그리스도 안에서는 '어떤 상태로 존재하다'(to be)라는 동사와 '행하다'(to do)라는 동사가 비로 이런 순서를 따르게 되어 있다.
　참된 신앙은 도덕적 행동을 낳는다. 오직 실천하는 그리스도인만이 진정한 그리스도인이다. 그리스도께서 육신으로 오신 하나님으로서 이 땅에서 사셨듯이, 이런 사람은 현실의 삶 속에서 그리스도의 화신(化身)으로 살아간다. 물론 그렇다 해도, 우리가 그리스도를 닮는 것이 그분이 하나님을 닮은 것과 동일한 정도의 완전성과 충만함 가운데 이루어지는 것은 아니다. 인간 예수 그리스도 안에서 하나님과 인간을 영원히 결합

시킨 경외스런 신적 신비와 동일한 것이 이 우주 안에는 없기 때문이다. 그러나 신성(神性)의 충만이 그리스도 안에 있었고 또 지금도 있듯이, 그리스도께서는 성경의 교훈대로 그분을 믿는 사람들의 본성 안에 거하신다.

하나님은 언제나 하나님답게 행하신다

하나님은 어디에서 무엇을 행하시든 그분답게 행하신다. 육신이 되어 우리 가운데 거하실 때에도 영원 전부터 행하신 방식에서 조금도 벗어나지 않으셨다. 누군가 말했듯이, "그분은 신성을 감추셨지만 무효화하지는 않으셨다". 그분이 죽을 수밖에 없는 인간들의 약한 눈을 보호해주시기 위해 구약의 위엄찬 이름의 강렬한 빛을 약하게 하신 것은 사실이지만, 그들의 눈에 보인 빛은 가짜가 아니라 진짜였다. 그리스도는 그분의 능력들을 절제하며 사용하셨지만, 그로 인해 자신의 거룩함을 훼손하지는 않으셨다. 무슨 일을 행하시든지 거룩하셨고, 남들에게 해를 끼치지 않으셨으며, 죄인들과 구별되셨고, 지극히 높은 하늘보다 높으셨다.

하나님은 영원 속에서 그분답게 행하셨고, 성육신 후에도 모든 행동에서 자신의 거룩함에 합당하게 행하셨다. 그리고 신자의 본성 안으로 들어오셔서도 역시 그와 동일하게 행하신다. 이것이 속량 받은 사람을 거룩하게 만드는 그분의 방법이다. 그분은 과거 성육신 때 인간의 본성 안으로 들어가셨고, 신자가 중생(重生)할 때 신자의 본성 안으로 들어오셔서 그분답게 행하신다. 구체적으로 말하면, 인간의 본성을 일종의 매개체로 삼아 그분의 완전한 도덕적 가치들을 실현하신다.

로마의 웅변가인 키케로(Cicero)는 "여러분은 철학을 행동으로 실천하지 않고, 철학이 행동을 대신하도록 만드는 위험에 빠져 있습니다"라고 경고했다. 이 말은 신앙에도 그대로 해당된다. 그러나 그리스도를 믿는 신앙 자체가 목적이 되어서는 안 되며, 그것이 다른 어떤 것을 대신해서도 안 된다.

믿음이 도덕적 행동을 대신하기 때문에 하나님을 찾는 모든 사람은 믿음과 행함 사이에서 선택해야 한다고 믿는 선생들이 일부 있다. 이런 선생들은 우리에게 유명한 '양자택일의 논리'를 가르친다. 즉, 믿음이나 행함 중 하나를 택하라는 것이다. 그들은 행함이 멸망에 이르게 하지만 믿음은 구원을 준다고 말한다. 이런 논리를 따르는 현대의 전도방법은 믿음을 엄청나게 강조하지만, 개인의 성결에 대해서는 변명하듯이 대충 얼버무리고 만다. 이런 잘못 때문에 교회의 도덕적 기준이 낮아졌고, 우리는 지금 이런 도덕적 황무지에서 살고 있다.

행함 없는 신앙의 모순

믿음이 도덕적 행동을 대신하는 것이 아니라 오히려 도덕적 행동을 낳는 수단이 되어야 한다는 것이 올바른 신앙관이다. 나무는 열매를 대신하는 것이 아니라 열매를 낳는 수단이 되어야 한다. 하늘나라의 농장에서 하나님이 간절히 바라고 계신 것은 나무가 아니라 열매이다. 그리스도처럼 행동하는 것이 그리스도인의 믿음의 목적이다. 믿음과 행함을 적대적 관계에 놓는 것은 열매를 나무의 원수라고 부르는 것과 같다. 그런데 바로 이런 어처구니없는 짓을 우리가 이제까지 해왔기 때문에 끔찍한 결과가 생겼다.

건물의 기초를 놓을 때 계산을 잘못하면 건물 전체가 기울어진다. 믿음이 행함을 대신하므로 행함을 낳지 않아도 된다는 잘못된 신앙관이 기초로 놓였기 때문에, 오늘날 균형 잃은 성전들이 즐비하다. 우리는 이런 성전들에 대해 마땅히 부끄러워해야 하며, 그리스도께서 마음속의 은밀한 것들을 심판하시는 날에 틀림없이 해명해야 할 것이다.

행함을 피하기 위해 다른 것들을 교묘히, 때로는 무의식적으로 이용하는 경우들이 얼마든지 있다. 예를 들면, 어떤 그리스도인이 "당신의 문제 때문에 고민하지 마십시오. 그저 기도하고 넘어가면 됩니다"라고 설득하는 경우이다. 이렇게 설득하는 그리스도인은 행동이 아닌 기도로 때우라고 조언하는 것이다!

가난한 친구에게 물질을 주는 것보다, "하나님, 저 가난한 친구에게 필요한 것을 공급해주십시오"라고 기도하는 것이 훨씬 더 쉽다. 야고보는 "만일 형제나 자매가 헐벗고 일용할 양식이 없는데 너희 중에 누구든지 그에게 이르되 평안히 가라, 덥게 하라, 배부르게 하라 하며 그 몸에 쓸 것을 주지 아니하면 무슨 유익이 있으리요"(약 2:15,16)라고 말한다. 얼마나 신랄한 풍자인가! 신비적인 요한도 행함 없는 신앙의 모순을 이렇게 지적한다.

"누가 이 세상의 재물을 가지고 형제의 궁핍함을 보고도 도와줄 마음을 닫으면 하나님의 사랑이 어찌 그 속에 거하겠느냐 자녀들아 우리가 말과 혀로만 사랑하지 말고 행함과 진실함으로 하자 이로써 우리가 진리에 속한 줄을 알고 또 우리 마음을 주 앞에서 굳세게 하리니"(요일 3:17-19).

내가 이제까지 말한 것을 제대로 이해한 사람은 인위적이고 거짓된 '믿음과 행함 사이의 양자택일'을 철저히 거부하게 될 것이다. 이런 사람의 믿음은 줄어들지 않을 것이고, 그의 경건한 행위는 늘어날 것이다. 기도를 게을리 하지 않으면서도 그의 봉사는 늘어날 것이다. 말이 줄어들지 않겠지만, 거룩한 행동이 늘어날 것이다. 믿음의 고백이 약해지지 않지만, 더욱 대담한 자기절제가 늘어날 것이다. 행함을 피하기 위해 믿음으로 도피하지 않을 것이고, 믿음으로 충만한 행함의 열매를 맺을 것이다. 이 모든 이야기의 결론은 우리가 신약성경의 교훈으로 돌아가야 한다는 것이다!

더 깊은 묵상을 위한 질문들

1. 존재나 행위 중 하나만 취하는 극단적 선택은 그리스도 안에 있는 참된 믿음의 삶의 기초를 무너뜨린다. 당신이 한쪽 극단으로 자꾸 기울어질 때 나타나는 결과는 무엇인가? 그리스도 안에서 존재와 행위 사이의 순서를 바로 잡고 균형을 맞추려면 어떻게 해야 하는가?

2. 토저는 "믿음이 도덕적 행동을 대신하지 않고 오히려 도덕적 행동을 낳는 수단이 되어야 한다는 것이 올바른 신앙관이다"라고 말한다. 믿음과 행함 사이의 관계에 대해 말한 야고보서 2장 14-26절을 읽어보라. 하나님을 믿는 강한 믿음만이 그분께 영광을 돌리는 행위를 낳는다. 당신의 삶에서 믿음의 실천과 행함이 얼마나 분명히 나타났는지 깊이 생각해보라.

3. 자기의 목적을 달성하기 위해 세상 사람들의 사업 방법을 받아들여 이용하는 교회가 많다. 이런 현상은 "나는 행함으로 내 믿음을 네게 보이리라"(약 2:18)라는 말씀에서 얼마나 벗어나 있으며, 하나님의 방법과 얼마나 배치되는가?

4. 믿음이 행동을 대신할 수는 없다. 그렇다고 해서 믿음 없는 행함만으로도 안 된다. 믿음으로 충만한 행함이 있어야 한다. 이 진리에 대해 깊이 생각해보라. 그리고 이 진리를 당신의 삶에 적용할 수 있게 해주시길 주님께 기도하라.

chapter 19

믿음은
감히 실패한다

이 세상에서는 사람이 무엇을 행할 수 있는 능력에 의해 평가받는다. 성취의 사다리를 얼마나 많이 올라갔느냐에 따라 등급이 매겨진다. 이 사다리의 맨 아래는 완전한 실패를, 맨 꼭대기는 눈부신 성공을 의미한다. 문명사회에서 대다수의 사람은 청년 때부터 노년에 이르기까지 이 두 극단 사이에서 땀 흘리며 분투한다.

소수의 사람은 자포자기함으로 바닥으로 미끄러져 빈민가 주민으로 전락한다. 야망도 잃고 의지도 꺾인 채 정부 지원금에 의지해 살다가 다른 이들보다 먼저 자연의 부름을 받아 세상을 떠나기도 한다. 반면, 꼭대기까지 이른 자들도 소수 있다. 재능과 노고와 행운의 결합을 통해 정상에 오른 후에는 거기에 있는 명성과 권력과 사치를 즐긴다.

사다리 오르기 경쟁

그러나 어떤 경우든 행복은 없다. 성공하기 위해 발버둥치는 과정에서 정신적 스트레스를 너무 많이 받기 때문이다. 경쟁에서 이기기 위한 싸움에 너무 몰두하다 보면, 생각이 편협해지고 마음이 완고해지며 인생의 아름다운 것들을 놓치고 만다. 정신적 여유를 가지면 그 아름다운 것들을 얼마든지 즐길 수 있는데 말이다.

성공의 정상에 도달한 사람이 아주 오랜 시간 행복한 경우는 매우 드물다. 얼마 안 가서 '실적 하락으로 결국 다른 이에게 자리를 내어주는 것은 아닌가' 하는 불안에 시달리게 된다. 이에 대한 좋은 예로 TV 스타가 그의 인기순위를, 정치인이 그의 우편물을 떨리는 손으로 황급히 확인하는 것을 들 수 있다.

선거를 통해 한 자리 차지한 공직자가 여론조사에서 자기의 인기가 3월보다 8월에 2퍼센트 떨어진 것을 안다면, 마치 감옥에 끌려가는 사람처럼 땀을 뻘뻘 흘릴 것이다. 프로야구선수는 타율에 의해, 사업가는 실적표에 의해, 콘서트 스타는 박수 계측기에 의해 살아간다. 챔피언을 때려눕히는 데 실패한 도전자가 링 위에서 눈물을 흘리는 것은 흔히 볼 수 있는 일이다. 2등이라는 것은 전혀 위안이 되지 못하고, 행복해지려면 1등이 되어야 한다고 생각한다.

성공을 향한 이런 광기는 선한 것이 왜곡되면서 나타나는 현상이다. 우리가 이 땅에 태어난 목적을 이루겠다는 욕구는 하나님이 주신 귀한 마음이지만, 죄 때문에 이런 본능이 왜곡되었고 1등의 영광만을 노리는 이기적 욕망으로 변질되었다. 온 세상 사람이 마치 악마에게 사로잡힌 것처럼 이런 욕망에 휘둘리면서도 도저히 빠져나오지 못한다.

그러나 그리스도를 만난 사람은 다른 세계로 들어가게 된다. 신약성경은 세상 사람들을 움직이는 동기보다 무한히 고상하고 그것과는 완전히 다른 영적 철학을 가르쳐준다. 그리스도의 교훈에 의하면 심령이 가난한 자가 복이 있고, 온유한 자가 땅을 차지하며, 처음 된 자가 나중 되고, 나중 된 자가 처음 되며, 남들을 가장 잘 섬기는 자가 가장 큰 자이고, 모든 것을 잃는 자가 결국 모든 것을 갖게 된다. 세상에서 성공한 자는 애써 모은 재물이 심판의 폭풍에 날아가 버리는 것을 보게 될 것이며, 의로운 거지가 아브라함의 품에 안기고 부자는 지옥 불에 타게 된다는 것이 성경의 교훈이다.

실패를 통과하는 믿음

언뜻 보면 우리 주님은 실패자가 되어 돌아가셨다. 기성 종교의 지도자들은 그분을 중상모략했고, 일반 사람들은 그분을 거부했으며, 그분의 친구들은 그분을 버렸다. 그분에게 십자가형을 선고한 사람은 성공한 정치인이었다. 야심 있는 정치인들이 그의 손에 기꺼이 입 맞출 정도로 그의 권세는 막강했다. 그리스도께서 얼마나 영광스런 승리의 주인공이시고 빌라도 총독이 얼마나 비극적인 실패자인지가 드러나기 위해서는 그분이 반드시 부활하셔야 했다.

그러나 그분을 믿는다고 고백하는 오늘날의 교회는 역사에서 아무것도 배우지 못한 것 같다. 여전히 세상 사람들의 관점으로 사물을 보고 그들의 판단방식에 따라 판단한다. 일벌레가 되어 불철주야 종교적 사업에 헌신하는 모습이 성공하겠다는 육신적 욕망에서 나오는 경우가 얼마나 많은가! 보잘것없는 인간들을 높이겠다는 목적에서 시작된 사업에 하나님의 복이 임하게 해달라고 간구하느라고 얼마나 많은 기도시간이 낭비되는가! 울음 섞인 목소리로 간절히 호소하지만, 속으로는 육신적 명예를 추구하는 사람들을 위해 거룩한 헌금이 사용되는 경우가 얼마나 많은가!

진정한 그리스도인은 이런 모든 것에서 돌아서야 한다. 특히 복음의 일꾼 된 자들은 자기의 내면적 동기를 살피기 위해 마음을 깊이 성찰해야 한다. 실패를 각오하지 않는 사람은 성공할 자격이 없다. 자기 말고 다른 이에게 성공의 명예가 돌아가는 것이 하나님의 뜻이라면, 기꺼이 그분의 뜻을 받아들일 각오가 된 사람만이 신앙적 활동에서 성공할 도덕적 자격을 갖춘 자다.

하나님은 성공 없이도 행복할 수 있을 정도까지 연단을 받은 그분의 종에게 성공을 허락하실 것이다. 성공하면 우쭐해지고 실패하면 낙심하는 사람은 여전히 육신적인 사람이다. 그런 사람이 열매를 만들어냈다 할지라도 그 속에는 벌레가 있을 뿐이다.

하나님은 그분의 종이 "내가 성공했다고 해서 하나님께 더 소중한 존재가 되는 것도 아니고, 그분의 계획을 위해 더 가치 있게 사용되는 것도 아니다"라고 고백할 정도까지 성숙했을 때 비로소 성공을 허락하실 것이다. 청중을 많이 모았다고, 많은 이를 개종시켰다고, 새로운 선교사를 많이 파송했다고, 성경을 많이 배포했다고 그분께 은혜를 얻는 것은 아니다. 이런 모든 일은 성령의 도움 없이도 실현 가능하다. 인간의 본성을 간파하는 예리함이 있고 성격이 좋으면 누구라도 오늘날의 종교 분야에서 성공할 수 있다.

우리의 진정한 영광은 예수님이 사셨던 것처럼 살 때 주어진다. 그분을 받아들이는 자들에게 받아들여지고, 그분을 거부한 모든 자들에게 거부당하며, 그분을 사랑하는 자들에게 사랑받고, 그분을 미워하는 모든 이에게 미움을 받는 것이 그분처럼 사는 것이다. 이것보다 더 큰 영광이 어디 있겠는가?

그리스도인은 그분처럼 실패할 수 있는 여유를 가진 자들이다. 믿음은 감히 실패한다. 그러나 진정으로 누가 성공했고 누가 실패했는지를 만 천하에 드러내는 것은 최후의 부활과 심판이다. 우리는 그때까지 기다릴 수 있다.

더 깊은 묵상을 위한 질문들

1 오늘날의 사람들은 성공 여부에 따라 평가받지만 성공의 정상에 올라도 대부분 행복하지 않다. "성공하기 위해 발버둥치는 과정에서 정신적 스트레스를 너무 많이 받기 때문이다. 경쟁에서 이기기 위한 싸움에 너무 몰두하다 보면, 생각이 편협해지고 마음이 완고"해진다. 성공에 대한 집착이 인간성을 얼마나 고갈시키며, 하나님을 향한 믿음을 어떻게 허물어뜨리는지 깊이 생각해보라.

2 토저의 지적에 의하면, 이 땅에 태어난 목적을 이루겠다는 본능이 우리 모두에게 있지만, "죄 때문에 이런 본능이 왜곡되었고, 1등의 영광만을 노리는 이기적 욕망으로 변질되었다. 온 세상 사람이 마치 악마에게 사로잡힌 사람처럼 이런 욕망에 휘둘리면서도 도저히 빠져나오지 못한다". 성공에의 욕망은 현실 속에서 어떤 모습들로 나타나는가? 성공과 실패를 하나님의 손에 맡기려면 어떻게 해야 하는가? 이에 대해 그리스도의 삶은 우리에게 어떤 교훈을 주는가?

3 "그분을 믿는다고 고백하는 오늘날의 교회는 역사에서 아무것도 배우지 못한 것 같다. 여전히 세상 사람들의 관점으로 사물을 보고 그들의 판단방식에 따라 판단한다. 일벌레가 되어 불철주야 종교적 사업에 헌신하는 모습이 성공하겠다는 육신적 욕망에서 나오는 경우가 얼마나 많은가!" 토저의 이 말에 대해 다른 사람들과 나누거나 조용히 묵상해보라.

4 "실패를 각오하지 않는 사람은 성공할 자격이 없다. 자기 말고 다른 이에게 성공의 명예가 돌아가는 것이 하나님의 뜻이라면, 기꺼이 그분의 뜻을 받아들일 각오가 된 사람만이 신앙적 활동에서 성공할 도덕적 자격을 갖춘 자다." 당신은 토저의 이 말에 동의하는가? 당신이 실패한 일이 있다면 두 가지 정도 적어보라. 당신의 실패는 믿음의 성장에 어떻게 기여했는가?

5 우리는 주님 앞에서의 성공과 실패를 어떻게 평가해야 하는가? "하나님은 그분의 종이 '내가 성공했다고 해서 하나님께 더 소중한 존재가 되는 것도 아니고, 그분의 계획을 위해 더 가치 있게 사용되는 것도 아니다'라고 고백할 정도까지 성숙했을 때 비로소 성공을 허락하실 것이다." 토저의 이 말이 우리를 '그리스도 안에 있는 자유'로 이끌어주는가?

6 성경은 "주를 바라는 자들은 수치를 당하지 아니하려니와"(시 25:3)라고 가르친다. 끝까지 결과를 기다리지 못하고 조바심 내는 것이 하나님을 향한 믿음에 어떤 영향을 미치는지를 깊이 생각해보라. 신자는 이런 조바심과 실패에 대한 두려움 같은 감정을 어떻게 다루어야 하는가?

삶으로 드리는
성례전

그런즉 너희가 먹든지 마시든지 무엇을 하든지 다 하나님의 영광을 위하여 하라 고전 10:31

그리스도인의 마음의 평안을 방해하는 것 중 하나는 삶을 거룩한 것과 세속적인 것의 두 부분으로 나누는 뿌리 깊은 습관이다. 그러나 이 두 영역이 분리되어 있고 도덕적으로나 영적으로 양립할 수 없다고 생각하는 사람도 삶의 불가피한 요소들에 의해 두 영역을 항상 넘나들지 않을 수 없다. 그렇기에 내면적 삶이 무너지고 '통합된 삶' 대신 '분열된 삶'을 살아가게 된다.

그리스도를 따르는 우리가 영적 세계와 자연적 세계에서 동시에 살아간다는 사실이 문제를 일으킨다. 아담의 후손인 우리는 인간 본성의 연약함과 사악함 그리고 육신의 한계에 종속되어 살아간다. 세상 사람들 속에서 살아간다는 사실 자체만으로도 늘 세상의 일에 신경을 쓰고, 많이 수고하며, 염려해야 한다. 그런데 이런 삶과 뚜렷한 대조를 이루는 성령 안에서의 삶도 우리에게 존재한다. 우리는 하나님의 자녀이기 때문에 더 높은 차원의 다른 삶을 즐길 수 있다. 천국의 시민으로서 그리스도와 깊은 교제를 누릴 수도 있다.

삶의 이런 두 가지 측면 때문에 우리 삶이 두 부분으로 분리되는 경향이 나타나고, 무의식적으로 두 가지 유형의 행동들을 하게 된다. 한 가지는 하나님을 기쁘게 해드린다는 확신과 만족 가운데 일어나는 행동들이다. 이것들은 거룩한 것들로서, 흔히 기도와 성경 읽기, 찬송가 부르기, 교회 출석처럼 믿음에서 직접적으로 나오는 것이다. 이런 것들은 세상과 아무런 관계가 없는 것들로 간주되기 쉽다. 그리고 이런 것들은 "손으로 지은 것이 아니요 하늘에 있는 영원한 집"(고후 5:1)이 있는 저 세상을 믿음의 눈으로 바라볼 때 외에는 아무 의미가 없는 것처럼 느껴진다.

이런 거룩한 것들과 대조를 이루는 것이 세속적인 행동들이다. 이것들은 우리가 아담의 자손들과 공유하는 행동으로 식사, 수면, 일, 건강관리처럼 이 땅에서의 단조롭고 평범한 일들이다. 이런 일들이 때로는 시간과 힘의 낭비로 생각되기 때문에 하나님께 죄송하다고 말씀드린다. 이런 일상적인 것들을 처리하며 살아갈 때 우리의 마음은 대개 편하지 않다. 때로는 깊은 좌절감을 느낄 수도 있고, 때로는 시름에 잠긴 듯한 말투로 "이 땅의 껍질을 벗고 세상 일로 더 이상 근심하지 않게 될 더 좋은 날이 올 거야"라고 중얼거린다.

삶 자체로 영광 돌리신 주님의 모범

이제까지 내가 설명한 것이 오래 전부터 내려온 '성(聖)과 속(俗)의 대립'이다. 대부분의 그리스도인이 이런 고정관념에 사로잡혀 있고, 두 세계를 만족스럽게 조정하는 데 실패한 그들은 두 영역 사이에서 힘겹게 줄타기를 하느라고 어느 영역에서도 평안을 누리지 못한다. 힘이 낭비되고 판단이 혼란스러워지며 기쁨이 사라진다.

하지만 그럴 필요가 전혀 없다고 나는 믿는다. 우리가 딜레마에 빠져 있다는 생각도 들지만, 깊이 생각해보면 이것은 딜레마가 아니다. 오해 때문에 이런 고민이 생긴 것이다. '성(聖)과 속(俗)의 대립'은 신약성경이 지지하는 사상이 결코 아니다. 기독교의 진리를 더 올바로 이해하게 되면 이런 오해에서 벗어날 수 있다.

주 예수 그리스도는 우리의 완전한 모범이시다. 그분의 삶은 분리된 삶이 아니었다. 어릴 적부터 십자가 죽음의 때까지 성부와 동행하시며 이 땅에서 아무런 긴장 없이 사셨다. 하나님은 그분의 삶 전체를 희생제사로 받으셨고, 그분의 행동들 사이에 어떤 구분도 짓지 않으셨다. 성부와 관계된 그분의 삶을 간략하게 요약해서 표현해주는 것은 "나는 항상 그가 기뻐하시는 일을 행하므로"(요 8:29)라는 말씀이다. 그분은 사람들 중에서 행하실 때 위엄과 평안으로 충만하셨다. 그분이 견디셔야 했던 모든 중압감과 고난은 세상의 죄를 지심으로 생긴 것이지 도덕적 불완전성이나 영적 한계 때문에 생긴 것이 아니다.

"무엇을 하든지 다 하나님의 영광을 위하여 하라"(고전 10:31)라는 바울의 권면이 단지 경건의 이상(理想)을 가르치는 것만이 아니다. 이 말은 거룩한 계시에서 뺄 수 없는 필수적 부분이다. 진리의 말씀으로 받아들여져야 하는 이 말은 삶의 '모든 행동'을 하나님의 영광을 위한 행동으로 승화시키는 것이 가능하다고 가르친다. 삶의 '모든 행동'이 그분께 영광 돌릴 수 있다는 것을 인정하기 주저하는 우리의 소심함을 극복하게 하려고 바울은 특별히 '먹고 마시는 것'을 예로 든다. 먹고 마시는 소박한 특권은 멸망하는 짐승이나 인간이 동일하게 공유하는 것이다. 이런 기본적인 동물적 행동이 하나님께 영광을 돌릴 수 있다면, 그분께 영광을 돌리지 못할 행동이란 없다.

기독교 역사 초기에 있었던 일부 경건서적 저술가들의 책에서 두드러지게 나타나는 '몸에 대한 금욕적 증오'는 하나님의 말씀이 전혀 지지하지 않는 사상이다. 선정적(煽情的) 언행을

삼가라고 성경이 가르치는 것은 사실이지만, 그렇다고 해서 성(性)에 대한 지나친 거부 반응이나 잘못된 수치심을 가르치는 것은 아니다.

신약성경은 우리 주님이 성육신 때에 인간의 몸을 취하신 것이 당연하다고 본다. 그분이 몸을 가지신 사실에 함축된 여러 가지 의미들을 애써 감추려는 시도는 신약에서 발견되지 않는다. 그분은 그런 몸을 가지고 이 땅의 사람들 가운데 사셨지만, 거룩하지 않은 행동을 하신 적은 한 번도 없다. 그분이 육체로 이 땅에 오셨다는 사실은 하나님께서 인간의 몸을 본질적으로 싫어하신다는 악한 사상을 영원히 날려버린다. 그분은 우리가 책임져야 할 몸을 책임지는 것을 불쾌하게 여기시지 않는다. 그분이 우리의 몸을 만드셨기 때문이다. 그분은 자신의 손으로 만드신 것을 부끄러워하지 않으신다.

정작 부끄러워해야 할 것은 우리의 재능과 능력을 악용하고 오용하고 남용한 우리 인간이다. 인간이 몸으로 범한 죄악된 행동은 결코 하나님을 높일 수 없다. 우리의 의지로 악을 행하면 하나님께 받은 순전하고 무해한 재능과 능력이 사라지고, 창조주를 결코 영화롭게 할 수 없는 왜곡되고 남용된 재능과 능력만이 남는다.

하지만 이런 왜곡과 남용이 없는 경우를 가정해보자. 즉, 회개와 거듭남의 두 가지 기적을 체험한 그리스도인을 생각해보

자. 이 사람이 성경에서 배운 하나님의 뜻에 따라 살아간다면, 그의 삶의 '모든' 행위가 기도나 세례나 성찬만큼 거룩하거나 또는 거룩해질 수 있다고 말해도 무방할 것이다. 그렇다고 해서 모든 행위를 단순히 획일화하려는 것은 아니다. 오히려 모든 행위를 하나님 나라의 수준으로 끌어올려 삶의 모든 부분을 성례전으로 승화시키려는 것이다.

성례전이 내적 은혜의 외적 표현이라면, 이런 내 주장은 얼마든지 정당성을 갖는다. 자아 전체를 하나님께 거룩하게 봉헌한 사람은 그 후의 모든 행동을 통해 그 봉헌을 거듭 표현할 수 있다. 예수님이 예루살렘으로 들어가기 위해 타셨던 미천한 짐승을 부끄러워하지 않으신 것처럼, 우리도 몸을 부끄러워할 필요가 없다(몸은 평생 우리를 모시고 다니는 종의 역할을 충실히 감당한다). "주가 쓰시겠다"(마 21:3)라는 말씀에 담긴 깊은 의미가 죽을 수밖에 없는 우리의 몸에도 적용된다. 그리스도께서 우리 안에 거하신다면, 우리는 그 옛날 보잘것없는 짐승이 그랬듯이 영광의 주님을 모시고 다니는 것이며, 무수한 사람이 우리를 보고 "가장 높은 곳에서 호산나"(마 21:9)라고 소리칠 것이다.

일상을 제사장의 일로 삼으라

'성과 속의 대립'이라는 고정관념에서 오는 어려움을 피하려면, 이 진리를 아는 것만으로는 부족하다. 이 진리가 우리의 핏줄을 타고 흘러야 하며, 우리의 복잡한 사고를 완전히 지배해야 한다. 그리고 실제의 삶 속에서 하나님의 영광을 위해 살겠다고 굳게 결심하고 연습해야 한다. 이 진리를 묵상하면, 기도 중에 종종 하나님과 이 진리에 대해 대화를 나누면, 사람들 중에서 행할 때 자주 이 진리를 머리에 떠올리면, 이 진리의 놀라운 의미를 깊이 깨닫게 될 것이다. 그리고 오랜 세월 우리를 괴롭혔던 '성과 속의 이원론(二元論)'은 통합된 삶의 안식 속에 녹아 없어질 것이다. 우리 모두가 하나님의 소유이며, 그분은 어느 것도 거부하지 않고 다 받아들이셨다는 깨달음이 임하면 내적 삶이 통합될 것이고, 모든 것이 우리에게 거룩하게 될 것이다.

하지만 이것이 전부는 아니다. 오래 된 습관은 쉽게 사라지지 않는 법이다. '성과 속의 이분법적 심리'에서 완전히 벗어나려면 많은 믿음의 기도와 총명한 사고가 필요하다. 예를 들어, 일상적 노동이 예수 그리스도를 통해 하나님이 받으시는 예배의 행위가 될 수 있다는 사상을 그리스도인이 이해하는 것은 쉽지 않다. 오랜 세월 믿어 온 '성과 속의 대립'이 때때로 그의 머릿속 깊은 곳으로부터 그 모습을 드러내 마음의 평안을 깨뜨릴 것이다. 옛 뱀, 즉 마귀는 그의 거짓말을 결코 포기하지 않을 것이다. 택시 안이나 책상이나 들판에서 나타나 그리스도인에게 "너는 하루의 대부분을 세상의 일에 바치고 신앙적 행위들에는 아주 조금만 시간을 할애하고 있다"라고 속삭일 것이다. 아주 조심하지 않으면 우리의 생각이 혼란에 빠지고 마음이 무거워지며 낙심이 찾아올 것이다.

그렇게 되지 않으려면 굳센 믿음으로 맞서는 수밖에 없다. 모든 행위를 하나님께 바쳐야 하고, 그분이 그것을 받으신다고 믿어야 한다. 밤낮으로, 매 시간의 모든 행위가 그분께 드려지고 또 그분이 받으신다는 사상을 굳게 붙들고 계속 주장해야 한다.

개인기도 시간에 하나님께 "저의 모든 행위가 하나님의 영광을 드러내기 원합니다"라고 기도드려야 하고, 이 기도를 보충하기 위해 일상생활 속에서 생각으로나마 끝없이 기도해야 한다. 일상적인 일 하나하나를 제사장의 일로 만드는 예술을 한번 연습해보자. 하나님께서 우리의 소박한 행동 하나하나에 함께하신다고 믿자. 그리고 우리의 행동 속에서 그분을 발견하자.

지성소는 이미 열렸음을 기억하라

내가 이제까지 비판한 '성과 속의 대립'은 장소에 대한 사상에서도 아주 잘 나타난다. 신약성경을 읽어본 그리스도인들조차 어떤 장소들이 본래부터 거룩하다는 사상을 여전히 붙들고 있는 것은 정말 깜짝 놀랄 일이다. 이런 잘못된 사상이 너무 널리 퍼져 있기 때문에 이것에 대항해 싸우는 사람은 철저히 고독감을 느끼게 된다. 이런 잘못된 사상이 물감처럼 신앙인들의 사고와 시야를 물들였기 때문에, 이제는 그 오류를 감지하는 것조차 거의 불가능해졌다. 신약성경의 교훈과 완전히 배치되는 이 사상이 여러 세기 동안 설교단에서 선포되었고, 찬송가 가사에 실렸으며, 기독교 메시지의 일부로 편입되었다. 그러나 이것은 결코 기독교의 메시지가 될 수 없다. 내가 아는 한, 오직 퀘이커교도만이 이 오류를 볼 수 있는 분별력과 폭로할 수 있는 용기를 갖고 있다.

이 문제에 대해 나는 다음과 같이 설명하고 싶다. 사백 년 동안 이스라엘 민족은 우상숭배에 깊이 빠져 있는 애굽에서 살았다. 그러다 모세의 지도 아래 애굽에서 빠져 나와 약속의 땅을 향한 여정을 시작했다. 하지만 '거룩함'이라는 개념이 없는 그들을 가르치기 위해 하나님은 가장 기본적인 것부터 시작하셨다. 우선 불과 구름 가운데 임하셨고, 그 다음 성막이 만들어졌을 때에는 지성소에서 불 가운데 나타나셨다.

하나님은 그들에게 '거룩함'과 '거룩하지 않음' 사이의 차이를 가르치기 위해 아주 여러 가지 일들에서 구별을 지으셨다. 거룩한 날, 거룩한 그릇, 거룩한 옷 같은 구별을 만드셨다. 씻고 희생제사를 드리고 이런저런 것들을 봉헌하는 방법을 가르치셨다. 이런 과정을 통해 이스라엘은 그분이 거룩한 분이시라는 것을 알게 되었다. 그런데 그분이 가르쳐주기 원하셨던 것은 어떤 물건이나 장소가 거룩한 것이 아니라 그분 자신이 거룩하시다는 사실이다. 그들은 여호와의 거룩함을 알아야 했다.

그 후, 그리스도께서 나타나시는 위대한 시대가 열렸다. 그분은 주저함 없이 "옛 사람에게 말한 바 … 하였다는 것을 너희가 들었으나 나는 너희에게 이르노니 … "(마 5:21,22)라고 말씀하셨다. 구약시대의 교육은 끝났다는 것이다. 그분이 십자가에서 돌아가셨을 때 성전의 휘장이 위에서 아래까지 찢어졌다. 지성소는 그 안으로 들어가기 원하는 모든 이에게 활짝 열렸다. 그리스도의 말씀을 들어보자.

"예수께서 이르시되 여자여 내 말을 믿으라 이 산에서도 말고 예루살렘에서도 말고 너희가 아버지께 예배할 때가 이르리라 … 아버지께 참되게 예배하는 자들은 영과 진리로 예배할 때가 오나니 곧 이때라 아버지께서는 자기에게 이렇게 예배하는 자들을 찾으시느니라 하나님은 영이시니 예배하는 자가 영과 진리로 예배할지니라"(요 4:21,23,24).

얼마 안 가 사도 바울이 목소리 높여 자유를 선언하면서 모든 고기가 깨끗하고, 모든 날이 거룩하며, 모든 장소가 성스럽고, 모든 행위가 하나님을 기쁘게 해드린다고 외쳤다. 특정 장소와 특정 시간이 거룩하다는 개념은 인류의 교육을 위해 불가

피하게 사용되어 왔던 어슴푸레한 빛이었지만, 결국 영적 예배의 충만한 태양 빛 앞에서 사라졌다.

불타는 건물로 되돌아가지 말라

그 후 교회는 일정 기간 동안 예배의 본질적 영성을 유지하다가 세월의 흐름과 더불어 서서히 그것을 잃어갔다. 타락한 인간의 마음에 선천적으로 깊이 박혀 있는 법적 사고(法的 思考)가 과거에 있었던 이런저런 구별들을 다시 살려내기 시작했다. 교회는 다시 날과 절기와 계절을 지키기 시작했고, 특정 장소들을 택해 특별히 거룩하다고 선포했다. 날이나 장소나 사람 사이에 구별을 두었다. 처음에는 두 가지였던 성례전이 세 개로 늘고, 다시 네 개로 늘었다가 결국 로마 가톨릭의 득세로 말미암아 일곱 개로 확정되었다.

나는 아무리 잘못된 생각을 갖고 있는 그리스도인들이라 할지라도 그들의 체면을 실추시키고 싶지는 않다. 이런 사람들을 향해서도 최대한 사랑의 마음을 갖자는 것이 내 마음가짐이다. 하지만 이런 나로서도 지적하지 않을 수 없는 것은, 로마 가톨릭이 '성과 속을 구별하는 이단적 사고'를 논리적으로 끝까지 밀고나가서 얻은 결론을 그들의 교리로 삼았다는 것이다. 이 결론이 만들어낸 최악의 결과는 신앙과 생활의 분열이다. 이것을 가르치는 자들이 이런 분열의 덫을 피하기 위해 많은 각주와 방대한 설명을 덧붙이지만, 논리에 압도당하는 자신들의 본능을 극복하지는 못한다. 그들의 실제 생활에서는 이런 분열이 엄연한 사실로 남아 있다.

종교개혁가들과 청교도들과 신비가들은 이런 분열의 속박에서 우리를 구해내기 위해 노력했다. 그러나 오늘날 보수적 교파들조차 이 속박으로 되돌아가고 있다. 불타는 건물에서 말을 이끌어내면 이상하게도 말이 고집을 부려 구조자의 인도를 뿌리치고 다시 건물로 달려 들어가 불에 타 죽는 경우가 있다고 한다. 오늘날의 근본주의는 이렇게 이상한 고집을 부리며 영적 속박으로 되돌아가고 있다.

날과 절기를 지키는 현상이 우리 중에서 점점 더 두드러지게 나타난다. 사순절, 거룩한 주간(Holy Week: 부활주일 직전의 한 주간), 성 금요일 같은 단어가 복음주의 그리스도인들의 입에서 점점 더 자주 튀어나온다. 우리는 호강에 겨워 우리의 개신교적 전통이 얼마나 복된 것인지를 망각하고 있다.

나의 부르심을 따라

당신이 내 말을 오해하지 않도록, 나는 일상생활의 성례전적 성격을 강조하는 내 주장의 실제적 의미들에 대해 말하겠다. 여기서는 내 주장이 의미하지 않는 것을 지적함으로써 내 주장이 의미하는 것을 간접적으로 드러내는 방법을 사용하고자 한다.

첫째, 지금 나는 우리가 행하는 모든 것들이 똑같이 중요하다고 말하는 것이 아니다. 어떤 선한 사람의 한 가지 행동이 그의 다른 행동보다 훨씬 더 중요할 수도 있고 덜 중요할 수도 있다. 바울이 장막을 꿰맨 행동이 그가 로마서를 쓴 행동과 똑같지는 않지만, 이 두 가지는 하나님이 받으신 참된 예배의 행위였다. 한 영혼을 그리스도에게 인도하는 일이 정원에 나무를 심는 일보다 더 중요한 것은 분명하지만, 나무를 심는 일도 영혼 구원의 행동만큼 거룩한 것이 될 수 있다.

내가 분명히 하고 싶은 두 번째 사항은 모든 사람이 동일한 기준에서 유용한 존재는 아니라는 사실이다. 그리스도의 몸 안에서도 은사는 제각각 다르다. 교회와 세상에게 얼마나 유익을 주었느냐 하는 차원에서 보면, 빌리 브레이(Billy Bray, 1794~1868. 잉글랜드의 설교자로서 인습에 얽매이지 않는 특징을 보였다) 같은 사람은 루터나 존 웨슬리 같은 사람과 비교가 되지 못할 것이다. 하지만 적은 은사를 받은 형제의 봉사도 많은 은사를 받은 형제의 봉사만큼 순수하기 때문에 하나님은 양쪽을 똑같이 기쁨으로 받으신다.

평신도는 그의 작은 과업이 목사의 과업보다 열등하다고 생각할 필요가 없다. "각 사람은 부르심을 받은 그 부르심 그대로 지내라"(고전 7:20)라는 말씀에 따라 사는 사람의 일은 목사의 일만큼 거룩하게 될 것이다. 사람의 일이 거룩한 것인지

세속적인 것인지를 결정짓는 것은 무슨 일을 하느냐가 아니라 왜 그 일을 하느냐이다. 동기가 가장 중요하다.

어떤 사람이 그의 마음속으로 주 하나님을 거룩한 분으로 모신다면, 그 후 그의 모든 행위는 특별한 의미를 갖게 된다. 그가 행하는 모든 것은 예수 그리스도를 통해 하나님을 기쁘시게 해드리는 선한 것이 된다. 그런 사람에게 있어서는 삶 자체가 제사장적 직무가 되는 것이다. 그가 아무리 비천한 일을 한다 할지라도, 그의 귀에는 "거룩하다 거룩하다 거룩하다 만군의 여호와여 그의 영광이 온 땅에 충만하도다"(사 6:3)라는 스랍들의 찬양 소리가 들릴 것이다.

주여! 당신을 온전히 믿고 의지하기 원합니다. 전적으로 당신의 것이 되기 원합니다. 당신을 모든 것보다 높이기를 소원합니다. 당신 밖에 있는 것이라면 그 무엇도 소유하지 않기를 원합니다. 끊임없이 당신의 압도적 임재를 의식하고, 당신의 음성을 듣기 원합니다. 안식과 진실이 넘치는 마음으로 살기를 갈망합니다. 제 모든 생각이 당신께 올려지는 향(香)처럼 향기롭고, 제 삶의 모든 행동이 예배의 행위가 되도록 성령충만 가운데 살고 싶습니다. 그러므로 그 옛날 당신의 큰 종의 말을 빌려 이렇게 기도합니다. "간절히 구하오니 말로 다 표현할 수 없는 당신의 은혜의 선물로써 제 마음의 뜻을 깨끗하게 하소서. 그리하시면 당신을 온전히 사랑하고 당신께 합당한 찬양을 드릴 것이나이다." 당신의 아들 예수 그리스도의 공로를 통해 이 모든 것을 허락해주실 것을 굳게 믿습니다. 아멘.

더 깊은 묵상을 위한 질문들

1 "그리스도인의 마음의 평안을 방해하는 것 중 하나는 삶을 거룩한 것과 세속적인 것의 두 부분으로 나누는 뿌리 깊은 습관이다." 예수님의 삶은 이런 식으로 분열되지 않았다. 거룩하지 않은 행동을 하신 적이 한 번도 없는 분을 따라 믿음으로 행하면 삶의 모든 부분이 거룩해진다. 당신의 소위 '세속적 활동들'에 대해 생각해보라. 또한 당신이 믿음으로 행한 것들은 무엇인가? 그분의 마음 자세를 따르는 생활방식을 발전시키려면 어떻게 해야 하는가?

2 우리가 '성과 속의 대립'이라는 고정관념에서 오는 어려움을 피하려면, 실제의 삶 속에서 하나님의 영광을 위해 살겠다고 굳게 결심하고 연습할 필요가 있다. 이런 노력의 성공은 오직 '굳센 믿음'으로 맞설 때 가능하다는 것이 토저의 주장이다. 그가 말하는 '굳센 믿음'은 무엇인가?

3 직장이나 가정이나 레저 시간에 당신이 관계하는 소위 세속적 활동들과 의무들에서 하나님의 손길을 보는가? 만일 그렇지 못하다면, 소위 거룩한 것들에서는 어떻게 그분을 손길을 볼 수 있는가? 우리가 믿음으로 더욱 많이 힘쓰기 위해서는(살전 4:1,10) 성과 속의 분열을 극복해야 한다. 왜 그런가?

4 만일 신자가 믿음으로 행하는 모든 일에서 하나님의 영광을 추구했다면 그의 삶을 가리켜 '거룩한 땅에서 행해지는 제사장적 일'이라고 불러도 무방할 것이다. 그렇다면 우리는 어떻게 이 거룩한 땅을 알아볼 수 있는가? 어떻게 해야 우리의 동기를 판단할 수 있는가? 우리의 동기가 잘못되었다는 걸 깨달았을 때, 어떻게 믿음의 길로 되돌아갈 수 있는가?

chapter 21

영적 가뭄,
감정적 사막에 서다

진지한 그리스도인이 하나님께 순종하며 빛 가운데 행하려고 아무리 성실히 노력해도 때때로 찾아오는 영적 가뭄을 피할 수는 없다. 이것만큼 그를 힘들게 하는 것도 아마 없을 것이다. 그는 영적 가뭄을 예상하거나 설명하지 못하는데, 바로 여기에 어려움이 있다.

하지만 이런 사람도 자기 혼자 그런 감정적 사막의 한 가운데 있는 것이 아니라는 걸 알면 위로를 얻을 수도 있다. 이 땅에 아름다운 발자취를 남긴 지극히 훌륭하고 거룩한 성도들도 어떤 때에는 감정적 사막을 경험했다.

과거로부터 전해져 우리 손에 들어온 경건서적들은 거의 모두, 적어도 한 장(章)을 할애해 영적 가뭄의 문제를 다룬다. 그들 중 어떤 이들은 이 영적 가뭄을 가리켜 '그리스도인의 삶에 찾아오는 영적 건기(乾期)'라고 불렀다. 이 표현을 듣기만 해도 우리의 입가에 공감(共感)의 미소가 번질 것이다. 우리 중 아주 많은 이들이 잘 알고 있는 체험을 완벽하게 표현해주기 때문이다. 우리의 마음은 말라붙었고, 무슨 방법을 써도 비가 내리지 않는다. 이런 내면의 건기를 겪고 있는 사람이 다른 성도들도 똑같은 경험을 한다는 걸 알면 힘을 얻을 수 있다.

그럼에도 고민을 하게 되는 이유 중 하나는 죄 때문에 영적 가뭄이 찾아올 수 있다는 생각 때문이다. 이런 생각을 가진 사람은 '건기가 찾아와 영적 메마름의 고통이 생기는 것이 죄 때문이라면 내가 알든 모르든 내게 죄가 있는 것이 아닌가?'라고 스스로에게 묻게 된다. 이런 고민에서 벗어나는 방법은 영적 메마름이 반드시 죄 때문에 생기는 것만은 아니라는 걸 기억하는 것이다. 우리의 삶을 정직하게 살핀 후에, 우리가 불순종하지도 않았고 과거의 죄를 용서받지 못한 것도 아니라는 확신이 생기면, 영적 메마름의 원인이 죄가 아니라고 결론 내려도 된다.

자신이 죄를 범하지 않았는데도 죄를 범했다고 생각하면, 하나님께 영광을 돌리지 못하고 우리 자신도 유익을 얻지 못한다. 오히려 '네 마음속 아주 깊은 곳에 죄가 있기 때문에 하나님이 이를 불쾌하게 생각하셔서 그분의 얼굴을 네게 감추신다'라는 사탄의 섬뜩한 간계에 완전히 넘어가는 결과를 낳고 만다. 하나님이 깨끗하게 하신 것을 우리가 더럽다고 여겨서는 안 된다. 그렇게 하는 것은 불신앙이다.

신학자들은 "신앙은 의지(意志)의 문제이다"라고 말한다. 진정으로 중요한 것은 우리의 의지가 무엇을 행하려고 굳게 마음 먹는가에 달렸다는 말이다. 그러나 영적 메마름은 의지와 관계 없다. 예수님은 '사람이 ~을 하려 하면'(If any man will~, 요 7:17)이라고 말씀하셨지, '사람이 ~을 느끼면'(If any man feels~)이라고 말씀하시지 않았다. 감정이라는 것은 정서가 의지에 작용하는 것이며, 비유적으로 말하면 삶에 곁들여지는 반주(伴奏)이다. 시온을 향해 전진할 때 악대의 반주가 있으면 아주 즐겁겠지만, 그렇다고 해서 반주가 필수적인 것은 아니다. 우리는 음악 없이도 일하고 행할 수 있다. 참된 믿음이 있다면 감정 없이도 하나님과 함께 행동할 수 있다.

대개는 생활 속에서 얼마간의 영적 기쁨을 느낀다. 이것이 정상이다. 더구나 하나님과의 교제는 매우 기쁜 것이기 때문에 큰 기쁨을 준다. 하지만 지금 나는 기쁨이 서서히 사라지고 그분의 임재가 아주 미약하게 느껴지거나 전혀 느껴지지 않는 영적 가뭄에 대해 말하고 있는 것이다. 이럴 때 우리는 믿음을 발휘해야 한다. 영적 기쁨이 넘칠 때에는 믿음을 크게 발휘할 필요가 없을 것이다. 그러나 축복의 산(山)에서 내려오지 않고 마냥 머문다면, 하나님의 변치 않는 품성보다는 우리 자신의 기쁨을 의지하는 잘못에 빠지기 쉽다. 그러므로 늘 지켜보시는 우리의 하늘 아버지께서 그리스도만이 영원한 신뢰의 반석이 되신다는 것을 가르쳐주시고자 때로 내면적 위로를 거두어 가시는 것이 필요하다.

더 깊은 묵상을 위한 질문들

1 하나님을 기쁘게 해드리기를 진정으로 원하는 그리스도인조차도 영적 가뭄을 경험한다. 당신은 이런 영적 가뭄을 겪는 중에 하나님에 대해 새로운 것을 배운 적이 있는가? 심령의 메마름이 당신의 믿음에 어떤 영향을 주었는가?

2 토저는 영적 메마름이 반드시 죄 때문에 생기는 것만은 아님을 분명히 밝힌다. 죄가 메마름의 원인이 아닌 상황에서 죄를 그 원인으로 지목한다면, 하나님께 영광을 돌리지 못하고 오히려 신자의 마음에 심각한 고민만 생기게 된다. 반면, 죄가 원인인데도 다른 것을 탓하는 것도 잘못이다. 그럴 경우 하늘 아버지와 우리 사이에 문제가 생기기 때문이다. 영적 가뭄의 원인을 찾기 위한 방법들에는 무엇이 있는가? 원인을 찾지 못할 경우에도 우리가 계속적으로 행해야 할 것은 무엇인가?

3 "영적 메마름은 의지와 관계 없다. 예수님은 '사람이 ~을 하려 하면'(If any man will~, 요 7:17)이라고 말씀하셨지, '사람이 ~을 느끼면'(If any man feels~)이라고 말씀하시지 않았다." 하나님을 믿는 믿음으로 행하는 것이 무엇인지를 진정으로 깨달은 사람은 감정이 일어나지 않을 때도 그렇게 할 수 있다. 영적 가뭄을 겪어보았다면 그때 당신의 감정이 어떠했는지 나누어보라. 그 메마른 시기에 가장 힘이 되어준 것은 무엇인가?

4   영적 건기는 "기쁨이 서서히 사라지고 하나님의 임재가 아주 미약하게 느껴지거나 전혀 느껴지지 않는" 시기를 의미한다. 이 기간이 짧을 수도 있고 길어질 수도 있지만, 분명한 것은 그때 믿음을 발휘해야 한다는 것이다. 이사야서 50장 10절과 욥기 23장 8-17절 그리고 토저의 말에 비추어볼 때, 지금 그런 일을 만나게 된다면 어떻게 행동하게 될 지 묵상해보라.

5   "영적 기쁨이 넘칠 때에는 믿음을 크게 발휘할 필요가 없을 것이다. 그러나 축복의 산(山)에서 내려오지 않고 마냥 머문다면, 하나님의 변치 않는 품성보다는 우리 자신의 기쁨을 의지하는 잘못에 빠지기 쉽다." 이 말에 담긴 진리의 빛은 영적 건기, 즉 내면적 가뭄조차 하나님의 뜻을 이루는 종으로 사용된다는 걸 보여준다(시 119:91). 이 진리를 깊이 묵상하거나 이 진리에 대해 의견을 나누어보라. 특히, 그리스도를 향한 우리의 믿음이 더욱 더 성장하는 문제와 연관지어 생각해보라.

chapter 22

엘벧엘로 **올라가자!**

땅 위에 사다리가 세워져 있고 그 위에 하나님이 서 계신 환상을 보는 획기적인 경험이 광야에서 야곱에게 허락되었다. 이 경험 후 그는 하나님을 만난 장소를 '벧엘'(Beth-el)이라고 불렀다. '벧'은 집이고 '엘'(el)은 하나님이므로 '벧엘'(beth)은 '하나님의 집'이라는 뜻이 된다.

이 경험 이후 야곱은 아주 여러 해 동안 많은 일을 겪었다. 고생을 했고, 죄를 지었으며, 회개했고, 세상만사의 덧없음을 깨달았다. 브니엘에서는 하나님께 무릎 꿇어 복을 받기도 했고, 영적 고통의 시간에 그분과 대면하기도 했다. 이 모든 일을 겪은 그는 벧엘을 '엘벧엘'(El-beth-el)로 고쳐 불렀다. '엘벧엘'은 '하나님의 집의 하나님'이라는 뜻이 된다. 역사 속에서는 언제나 벧엘로 불렸던 그곳이지만, 하나님을 경배하는 야곱의 마음속에서는 영원히 엘벧엘이었다.

이렇게 이름이 바뀐 것은 매우 의미심장하다. '집'을 강조했던 그가 '그곳에서 만난 분'을 강조하는 쪽으로 바뀐 것이다. 하나님은 이제 그의 관심의 중심에 서게 되셨다. 야곱의 눈길이 장소에서 하나님에게로 옮겨진 것이다. 이것은 정말 복된 방향 전환이다.

벧엘에 멈춰선 그리스도인들

벧엘에서 끝나고 마는 그리스도인이 많다. 하나님은 그들의 생각 안에 계시지만 최고의 자리를 차지하지는 못하신다. 첫 번째 관심사와 두 번째 관심사를 가르는 하이픈(-)이 있다면 이들에게 그분의 이름은 언제나 하이픈 뒤에 놓인다. 즉, 집이 먼저이고 그분은 두 번째가 되신다.

예를 들어보자. 교파(敎派)를 중시하는 사람들은 하나님보다 교파를 앞에 놓는다. 물론 그들이 의도적으로 그렇게 하는 것은 아닐 것이다. 순진한 교파주의자는 교파를 하나님보다 우선한다는 말만 들어도 소스라치게 놀랄 것이다. 그러나 어떤 것을 강조한다는 것은 거기에 마음이 있다는 것이다. 자신이 속한 집단에 충성하는 것은 좋은 일이지만, 그렇게 하느라고 하나님을 하이픈 뒤에 놓으면 나쁜 일이 된다. 하나님은 언제나 첫 번째가 되셔야 한다.

자신이 출석하는 교회에 충성하는 것은 좋은 일이다. 어디를 가든 신자들의 무리를 찾아내어 그들과 자신을 동일시하고, 온갖 적절한 방법을 통해 그 무리의 성장과 번영을 꾀하는 것은 참된 그리스도인의 영적 본능일 것이다. 이것은 아주 좋은 일이다. 하지만 교회가 너무 커지고 중요해져서 하나님을 우리의 시야에서 가려버리면, 교회에 충성하는 것은 더 이상 좋은 일이 못 된다. 좀 더 정확히 말하면, 그럴 경우 교회에의 충성은 '선한 것의 오용(誤用)'이 될 것이다. 하나님을 대신하기 위해 교회가 존재하는 것은 아니기 때문이다. 각각의 교회들이 '엘벤엘'을 받아들이면, 균형이 제대로 잡히고 유지될 것이다. 그것은 하나님을 첫 번째 관심사로, 그분의 집을 두 번째 관심사로 삼는 것이다.

신학이 반투명의 베일처럼 하나님을 가리기 때문에 우리가 하나님을 본다 할지라도 불완전하게 보는 것은 아닌가 하는 두려움이 종종 내게 생긴다. 신학(theology)은 하나님을 연구하는 학문이므로 귀한 것이다. '학'(-logy)이라는 말보다 '신'(theo-)이라는 말을 앞에 놓은 영어 단어는 그분께 본래 합당한 자리를 그분께 드린다. 그러나 신학이라고 불리는 많은 것들에서 그분이 첫 번째 자리에 계시지 못하는 경우가 종종 발생한다. 너무나 자주 그분은 "우리 벽 뒤에 서서 창으로 들여다보며 창살 틈으로"(아 2:9) 엿보신다. 우리는 그분에 대해 끝없이 이야기하지만, 그분이 실제의 삶에서 우리의 주의를 끌려고 애쓰실 때는 전혀 알아채지 못한다.

모든 은혜의 전달 수단은 '집' 즉 장소에 불과하다. 그러므로 그곳이 의미를 가지려면 하나님이 그곳에 계셔야 한다. 은혜의 전달 수단이 그분에게서 나뉘면 올무가 될 수 있으므로 조심해야 한다. 그 전달 수단을 통해 하나님께 나아가고, 그것 뒤에 '엘'이 붙을 때 비로소 유익을 얻을 수 있다.

당신의 영적 성장을 진단해보라

그렇다고 해서 그 수단이 완전해지는 것은 아니다. 완전해지려면 그것 앞에도 '엘'이 붙어야 한다. 인간이 어디에 있든 하나님께 최고의 자리를 드려야 비로소 인간도 자기의 진정한 자리를 찾게 된다. 그분이 먼저이시다. 하이픈의 앞에 계셔야 한다. 우리의 강조점 전체가 어디에 놓였는지를 보면, 우리의 영적 성장을 아주 정확하게 판단할 수 있다.

우리의 첫째 관심사는 무엇인가? 벧엘인가 엘벧엘인가? 내 교회인가 아니면 주님이신가? 내 사역인가 아니면 하나님이신가? 내 신경(信經)인가 아니면 그리스도이신가? '집'에 관심을 가지면 육신적인 것이고 '집의 하나님'께 관심이 집중되면 신령한 것이다. 신앙과 관련된 것들이 하이픈에 의해 하나님으로

부터 나뉜 채 최고의 자리를 차지하고 있는가? 그렇다면 즉시 통회하는 마음으로 주님 앞에 나아가 "주여, 이 뻔뻔스런 죄를 용서하시고 제 악한 마음을 고쳐주소서"라고 기도해야 한다. 그러면 그분이 기도를 들으실 것이다. 우리가 진실한 마음으로 그분을 계속 찾는다면, 그분이 우리 삶의 한 가운데 그분의 자리를 잡으실 것이다. 그 중심적인 자리를 차지할 수 있는 권리는 오직 그분에게만 있다.

우리가 벧엘에서 엘벧엘로 나아간다면 삼위일체 하나님께서 우리에게 집과 환경과 안식과 생명이 되어 주실 것이고, 그때 비로소 기독교 신앙의 깊은 내면적 의미가 드러날 것이다. 하지만 그 전까지는 결코 그 의미가 드러나지 않을 것이다.

더 깊은 묵상을 위한 질문들

1 "하나님은 그들의 생각 안에 계시지만 최고의 자리를 차지하지는 못하신다. 첫 번째 관심사와 두 번째 관심사를 가르는 하이픈(-)이 있다면 이들에게 그분의 이름은 언제나 하이픈 뒤에 놓인다. 즉, 집이 먼저이고 그분은 두 번째가 되신다." 이런 왜곡된 순서는 하나님의 집뿐만 아니라 신자 개인의 믿음과 행위까지도 파괴한다. 그분이 우리의 삶에서 최고이실 뿐만 아니라 그분의 집에서 경배를 받고 계시다는 것을 우리가 어떻게 확신할 수 있는가?

2 하나님을 대신하기 위해 교회가 존재하는 것은 아니다. 그럼에도 전통, 관료주의, 권력구조, 형식, 돈, 잘못된 교훈 또는 그 밖의 다른 이유 때문에 당신의 교회에서 하나님이 보이지 않는다고 느낀 적이 있는가? 만일 그렇다면, 그런 상황을 개선하기 위해 할 수 있는 것들은 무엇인가?

3 "우리의 강조점 전체가 어디에 놓이는지를 보면 우리의 영적 성장을 아주 정확히 판단할 수 있다. 우리의 첫째 관심사는 무엇인가?" 이 판단 방법은 신자들이 믿음의 길에서 벗어나지 않기 위해 자주 사용해야 할 방법이다. 조용한 시간을 내서 주님 앞에 홀로 서서 "제 마음의 첫 번째 관심사가 무엇인지 살펴주십시오"라고 말씀드려라. 그분이 당신의 잘못된 우선순위를 지적해주시면, 즉시 통회하는 마음으로 "주여, 이 뻔뻔한 죄를 용서하시고 제 악한 마음을 고쳐주소서"라고 기도하라.

4 야곱의 영적 여정이 벧엘에서 시작되어 20여년 후에 엘벧엘에서 끝났다는 사실은 큰 위로를 준다. 우리가 그리스도의 형상으로 변화되고 마음의 변화를 체험하며 우선순위를 재정립하여 그리스도께 최고의 자리를 드리기까지는 아주 오랜 세월이 걸릴 수도 있다. 이런 변화의 과정이 당신의 믿음의 여정 중에 있었는가? 당신이 우선순위를 바꾸도록 하기 위해 하나님이 당신의 삶에서 사용하신 것은 무엇인가? 당신의 구체적 체험을 깊이 생각해보라.

chapter 23

마음의 눈으로
주님을 바라보라

믿음의 주요 또 온전하게 하시는 이인 예수를 바라보자 히 12:2

정직하고 머리 좋은 사람이 처음으로 성경을 읽게 되었다고 가정해보자. 그는 성경의 내용을 전혀 모른 채 성경을 읽게 된다. 그에게는 아무런 선입견이 없다. 그가 증명해야 할 것도, 변호해야 할 것도 없다.

이런 사람이 성경을 읽으면 오래 읽지 않아도 성경의 몇 가지 두드러진 진리에 주목하게 될 것이다. 이 진리들은 하나님께서 사람들을 다루신 기록의 이면(裏面)에 있는 영적 원리들이다. 이것들은 "성령의 감동하심을 받은 사람들"(벧후 1:21)을 통해 성경에 기록되었다.

성경을 계속 읽어 내려갈 때 이 사람은 그의 눈길을 사로잡는 이 진리들에 번호를 매기고 각 번호 밑에 짧은 요약을 덧붙일 수 있다. 그 요약들이 그가 뽑아낸 성경의 교리들이다. 성경을 더 읽어 내려간다 해도 이 교리들은 변하지 않고, 다만 증보(增補)되고 강화될 뿐이다. 이 사람은 성경이 실제로 가르치는 것들을 발견한 것이다.

성경이 가르치는 것들을 적은 목록에서 윗자리를 차지하는 것은 믿음의 교리이다. 성경이 믿음의 중요성을 매우 강조한다는 것이 아주 분명히 드러나기 때문에 이 사람은 믿음의 중요성에 주목하지 않을 수 없다. 그는 사람의 삶에서 믿음이 절대적으로 필요하다고 결론 내릴 것이다.

"믿음이 없이는 하나님을 기쁘시게 하지 못하나니"(히 11:6).

믿음은 하나님의 나라 안에서 내게 무엇이든지 줄 수 있고, 나를 어디든지 데려갈 수 있다. 믿음이 없다면 하나님께 나아갈 수 없으며 죄 사함, 해방, 구원, 교제, 영적 생활이 전혀 불가능하게 된다.

이 사람이 성경을 읽어 내려가다가 히브리서 11장에 이르면, 거기에 나오는 유창한 믿음의 찬가가 왠지 친근하게 느껴질 것이다. 여기에 이르기 전에 그는 이미 로마서와 갈라디아서에 나오는 바울의 탄탄한 믿음의 변증을 읽었을 것이다. 그가 성경을 다 읽은 후에 교회사를 공부한다면, 믿음이 기독교에서 차지하는 중심적 위치를 가르친 종교개혁가들의 교훈이 얼마나 놀라운 힘을 발휘하는지를 알게 될 것이다.

그렇다면 이제 생각해보자. 믿음이 그토록 중요하다면, 믿음이 하나님을 찾는 데 그토록 필수적인 것이라면 한 가지 중대한 질문이 떠오른다. 이 지극히 중요한 선물, 즉 믿음이 우리에게 있는가? 이 질문 앞에 선 우리는 자신의 현재 마음 상태를 잘 알기 때문에 여유가 생기면 곧 믿음의 본질에 대해 깊이 생각하기 시작할 것이다. 즉, '내게 믿음이 있는가?'라는 질문은 '믿음이 무엇인가?'라는 질문으로 바뀔 것이다. 자신에게 믿음이 있는지를 확인하려면 우선 믿음이 무엇인지를 알아야 한다.

성경은 믿음에 대해 어떻게 말하는가

믿음을 주제로 설교를 하거나 글을 쓴 사람들 대부분이 믿음에 대해 거의 동일하게 말하는 바가 있다. 그들에 따르면 믿음은 '약속'을 믿는 것이며, 하나님의 말씀을 액면 그대로 받아들이는 것이고, 성경을 진리로 여기고 그 말씀 위에서 당당히 걷는 것이다. 그리고 대개 그들의 설교나 책의 나머지 부분은 믿음으로 기도의 응답을 받은 사람들의 간증으로 채워진다. 이런 사람들의 간증은 대부분 건강, 돈, 신체적 보호 또는 사업의 성공 같은 현세적이고 실질적인 부분에서 기도 응답을 받았다는 것이다.

만일 믿음에 대해 메시지를 전하거나 책을 쓴 사람이 철학적 성향을 갖고 있다면 다른 방향으로 이야기를 끌고 갈 것이다. 이해하기 힘든 복잡한 형이상학으로 우리의 머리를 아프게 하거나 심리학 용어를 잔뜩 소개하면서 믿음에 대해 정의(定義) 내리고, 다시 그 정의를 고치는 과정을 반복할 것이다. 비유적으로 말하면, 믿음이라는 얇은 머리카락을 깎아내고 또 깎아내어 결국 믿음은 미세한 톱밥처럼 변해 사라지고 말 것이다. 이런 사람의 설교를 들은 청중은 실망을 느끼면서 자리에서 일어나 예배당에 들어올 때 통과한 문을 다시 통과해 예배당 밖으로 나갈 것이다. 그리고 그들의 머릿속에서는 '이건 아니다! 이것보다 더 좋은 그 무엇이 있어야 한다!'라는 소리가 메아리칠 것이다.

성경은 믿음을 정의하기 위해 특별한 노력을 기울이지 않는다. 내가 아는 한, 성경이 내리는 믿음의 정의는 히브리서 11장 1절의 말씀이 전부이다.

"믿음은 바라는 것들의 실상이요 보이지 않는 것들의 증거니"(히 11:1).

그런데 이 말씀조차 믿음을 철학적으로 정의하지 않고 기능적으로 정의한다. 즉, 믿음의 본질이 무엇인가를 말하지 않고 믿음이 어떻게 작동하는지를 말한다. 믿음이 무엇인지를 말하지 않고, 믿음이 있다는 것을 전제한 후 그 믿음이 어떤 결과를 낳았는지 보여준다.

우리는 성경이 가는 데까지만 가야 한다. 그 이상 가지 않는 것이 지혜로운 일이다. 성경은 믿음이 어디로부터 오는지, 또 어떤 수단을 통해 오는지를 말해준다.

"[믿음은] … 하나님의 선물이라"(엡 2:8).

"믿음은 들음에서 나며 들음은 그리스도의 말씀으로 말미암 았느니라"(롬 10:17).

여기까지가 우리가 분명히 알 수 있는 것이다. 토마스 아 켐 피스의 말을 조금 풀어서 말하자면, "나는 믿음의 정의를 아는 것보다 차라리 믿음으로 사는 편을 택한다."

내가 이제까지 이렇게 정리를 했으므로, "믿음은 ~이다"라 는 표현이나 그와 유사한 표현이 이 장(章)에 나오면, 그것이 신자에 의해 발휘되어 활동 중인 믿음을 가리킨다고 이해하기 바란다. 이제부터는 믿음의 정의에 더 이상 매달리지 않고, '활 동 중에 체험되는 믿음'에 대해 말하고자 한다. 우리의 사고는 이론적인 것에 집착하지 않고 실제의 영역에서 움직일 것이다.

믿음은 활동한다

민수기의 극적인 이야기(민 21:4-9)에서는 믿음이 '활동하는 믿음'으로 제시된다. 이스라엘 사람들이 낙심함으로 하나님께 불평했을 때 여호와는 그들 가운데 불뱀들을 보내셨다.

"여호와께서 불뱀들을 백성 중에 보내어 백성을 물게 하시므로 이스라엘 백성 중에 죽은 자가 많은지라"(민 21:6).

모세가 그들을 위해 여호와께 간구했고, 그분은 뱀에 물린 자들을 위해 치료법을 가르쳐주시며 모세에게 "불뱀을 만들어 장대 위에 매달아라 물린 자마다 그것을 보면 살리라"(민 21:8)라고 말씀하셨다. 모세는 순종했고, "뱀에게 물린 자가 놋뱀을 쳐다본즉 모두 [살았다]"(민 21:9).

신약성경에서 이 중요한 역사적 사건에 대한 해석을 제시해주신 권위자는 다름 아닌 우리 주님이시다. 주님은 구원 얻는 방법에 대해 청중에게 설명해주셨다. 구원의 방법은 믿음이었다! 이 점을 아주 분명히 하시고자 그분은 민수기에 나오는 이 사건에 대해 이렇게 언급하셨다.

"모세가 광야에서 뱀을 든 것같이 인자도 들려야 하리니 이는 그를 믿는 자마다 영생을 얻게 하려 하심이니라"(요 3:14,15).

이 장의 서두에 등장했던 사람이 이 말씀을 읽는다면, 그는 아주 중요한 점을 발견하게 될 것이다. 그것은 '보는 것'과 '믿는 것'이 동의어라는 점이다. 구약에 나오는 놋뱀을 보는 것이 신약의 그리스도를 믿는 것과 동일하다. 보는 것이 믿는 것이다.

또한 이 사람은 이스라엘 민족은 육신의 눈으로 보았지만, 믿음은 마음의 눈으로 본다는 것을 알게 될 것이다. 그리고 믿음은 '인간의 마음이 구원의 하나님을 보는 것'이라고 결론 내릴 것이다. 그리고 이런 결론에 이르렀다면 아마 그는 전에 읽었던 성경구절들을 기억할 것이고, 그 의미들이 물 밀 듯 다가올 것이다.

"그들이 주를 앙망하고 광채를 내었으니 그들의 얼굴은 부끄럽지 아니하리로다"(시 34:5).

"하늘에 계시는 주여 내가 눈을 들어 주께 향하나이다 상전의 손을 바라보는 종들의 눈같이, 여주인의 손을 바라보는 여종의 눈같이 우리의 눈이 여호와 우리 하나님을 바라보며 우리에게 은혜 베풀어주시기를 기다리나이다"(시 123:1,2).

하나님의 은혜를 구하는 시편 기자는 은혜의 하나님을 직시한다. 그의 시선은 은혜를 받을 때까지 그분에게서 떨어지지 않는다. 우리 주 예수님도 언제나 하나님을 보셨다. 주님에 대해 복음서는 "하늘을 우러러 축사하시고 떡을 떼어 제자들에게 주시매 제자들이 무리에게 주니"(마 14:19)라고 기록했다. 실로 예수님은, 마음의 눈으로 항상 성부 하나님을 바라보셨기 때문에 그분의 사역이 가능했다는 걸 보여주셨다. 하나님에게서 시선을 떼지 않는 것이 그분의 능력의 비결이었다(요 5:19-21 참조).

성령의 감동으로 기록된 성경이 주는 교훈의 큰 줄기는 우리가 인용한 몇 개의 성경구절의 의미와 완전히 일치한다. 이 큰 줄기가 우리를 위해 잘 요약되어 있는 곳이 "믿음의 주요 또 온전하게 하시는 이인 예수를"(히 12:2) 바라보며 삶의 경주를 하라고 가르치는 히브리서이다. 이 모든 것은 믿음이 한 번에 이루어지는 행위가 아니라 마음으로 삼위일체 하나님을 계속 바라보는 것이라고 가르쳐준다.

그러므로 믿는다는 것은 마음의 관심을 예수님께 향하게 하는 것이다. 마음의 눈을 들어 "세상 죄를 지고 가는 하나님의 어린양"(요 1:29)을 보는 것이며, 그 시선을 평생 유지하는 것이다. 그렇게 하는 것이 처음에는 어렵지만, 그 아름다운 분을 조용히, 편안히, 꾸준히 바라보면 점점 더 쉬워진다. 때로는 이런저런 것들이 끼어들어 집중을 방해하겠지만, 일단 마음이 그분께 고정되면 잠시 다른 곳으로 가서 방황하다가도 다시 그분께 돌아와 머물게 된다. 마치 멀리 가서 떠돌던 새가 다시 돌아와 창가에 앉듯이 말이다.

믿음의 눈을 그리스도께 고정하라

여기서 중요한 것이 마음을 그분께 고정하는 것이라고 나는 강조하고 싶다. 이 중요한 의지적(意志的) 행위는 언제나 예수님을 바라보겠다는 의도를 확고히 굳히는 것이다. 하나님은 이런 의도를 우리의 선택으로 여겨주신다. 그리고 우리의 주의를 산만하게 하며 힘들게 하는 것들이 이 세상에 너무 많다는 점을 감안해 우리를 너그럽게 봐주신다. 그분은 우리의 마음이 예수님을 향해 있다는 것을 아신다. 우리도 이것을 알 때문에 스스로 위로를 받는다. 이렇게 시작된 영혼의 습관은 얼마 후에는 영적 습관으로 완전히 굳어져서 더 이상 의식적인 노력을 하지 않아도 된다.

여러 덕목(德目) 중에서 가장 자신을 의식하지 않는 것이 '믿음'이라는 덕목이다. 믿음은 본래 자신의 존재를 거의 의식하지 않는다. 자기 앞에 있는 모든 것을 보지만 자신을 보지 못하는 눈처럼 믿음은 시선이 머무는 '대상'(the Object)에 몰두할 뿐 자신에게는 관심을 갖지 않는다. 하나님을 보고 있는 동안에는 자신을 보지 않게 되는데, 이렇게 자신이 시야에서 사라지는 것은 사실 복된 일이다.

자신을 깨끗하게 하려고 엄청 몸부림쳤지만 거듭 실패만 했던 사람들이 정말로 마음의 평안을 얻는 방법은 자기의 영혼을 뜯어고치려는 노력을 중단하고 '완전한 분'을 바라보는 것이다. 그들이 아주 오랜 세월 동안 이루려고 노력했던 것들이 그리스도를 바라볼 때 이루어질 것이다. 그들 안에서 행하시는 하나님께서 그들에게 소원을 두고 행하게 하실 것이다(빌 2:13 참조).

나에게서 그리스도에게로

믿음은 공로로 인정받을 수 있는 행위가 아니다. 공로는 믿음의 대상이신 '그분'(the One)에게 있다. 믿음은 시선을 재조

정하는 것이다. 우리에게 맞춰진 초점을 바꾸어 하나님께 맞추는 것이다. 죄 때문에 왜곡된 우리의 마음은 자신에게 초점을 맞추고 있었다. 불신앙으로 인해 자아는 본래 하나님이 계셔야 할 자리를 대신 차지했다. 이러한 불신앙은 "내가 … 하나님의 뭇 별 위에 내 자리를 높이리라"(사 14:13)라고 말한 계명성(Lucifer)의 죄에 근접하는 위험스런 것이다. 믿음은 '안'을 보지 않고 '밖'을 보는데, 그럴 때 삶의 모든 부분들이 믿음에 따라 움직이게 된다.

이런 모든 이야기들이 너무 간단해 보일 수도 있지만, 간단해 보인다고 해서 우습게 보면 안 된다. 도움을 얻기 위해 천국에 오르거나 지옥에 내려가려는 자들에게 하나님은 "말씀이 네게 가까[이 있다] … 곧 … 믿음의 말씀이라"(롬 10:8)라고 말씀하신다. 주님을 향해 눈을 들라고 가르치는 말씀에 따를 때 믿음의 복된 능력이 일하기 시작한다.

내면의 눈을 들어 하나님을 응시할 때 우리에게 돌아오는 것은 그분의 자비로운 눈길이다. 이것은 "여호와의 눈은 온 땅을 두루 감찰하사"(대하 16:9)라는 말씀에서도 확인된다. "나를 살피시는 하나님"(창 16:13)이라는 아름다운 고백은 하나님을 체험한 데서 나왔다. 밖을 보는 영혼의 눈과 안을 보시는 하나님의 눈이 마주칠 때, 여기 이 땅에서 천국이 시작된다. 쿠사의 니콜라스(Nicolas of Cusa, 1401~1464. 독일의 철학자, 신학자, 법학자 및 천문학자)는 사백 년 전에 이렇게 썼다.

당신의 모든 노력을 저에게 쏟으시니 제 모든 노력을 당신께 쏟아 붓습니다. 끊임없는 관심으로 저를 두르시니 모든 관심을 바쳐 당신만 바라보며 다른 것에 눈길을 주지 않습니다. 사랑의 화신이신 당신이 오직 저를 향해 다가오시니 제 사랑은 오직 당신께 향합니다. 주여, 당신의 감미로운 인자함이 극진한 사랑으로 저를 품어주지 않으면 제 삶이 무슨 의미가 있겠습니까?

나는 옛날에 살았던 이 하나님의 사람에 대해 좀 더 말하고 싶다. 이 사람은 오늘날의 그리스도인들 사이에서 별로 알려져 있지 않으며, 현대의 근본주의자들 사이에서는 전혀 알려져 있지 않다. 하지만 이 사람처럼 영적 분위기를 풍기는 사람들이나 그들이 대표하는 기독교 사상의 유파(流派)를 조금만 알아도 우리는 큰 유익을 얻게 될 것이다.

그러나 지금 이 시대는 어떤가? 이 시대의 복음주의 지도자들이 받아들이고 인정하는 기독교 서적은 천편일률적으로 동일한 사고 경향을 따른다. 이런 사고 경향에서 벗어나려는 사람은 정당의 강령에서 벗어나려는 정당인(政黨人)처럼 위험한 짓을 하는 것으로 간주된다. 이런 분위기가 오랫동안 지속되다 보니 우리는 헛배만 불러 자만에 빠지고 말았다. 독창성 없이, 맹종하듯이 서로가 서로를 모방한다. 우리가 기껏 하는 것은 주변 사람들의 말을 모방하거나, 아니면 그렇게 하는 것이 좀 미안하니까 기존에 인정된 내용을 살짝 바꾸어서 말하거나, 그것도 아니면 새로운 예화들로 때우는 것이다.

니콜라스는 진정으로 그리스도를 따르며 사랑했고, 그분께 온전히 헌신하는 빛나는 모범을 남겼다. 그의 신학은 정통이었지만 딱딱하지 않았고 오히려 향기와 아름다움으로 가득했다. 예수님의 전인격(全人格)에서 풍길 법한 그런 향기와 아름다움 말이다.

예를 들어보자. 영생에 대한 니콜라스의 개념은 그 자체로서 매우 아름답다. 내가 오해한 것이 아니라면, 그 개념은 현재 우리가 갖고 있는 개념보다 요한복음 17장 3절을 더욱 정확히 반영한다. 영생에 대한 고백이 담긴 그의 기도를 들어보자.

영생은 당신이 거룩한 관심을 갖고 저를 끊임없이 보시는 것입니다. 그렇습니다! 당신은 제 영혼의 은밀한 부분들까지 보십니다. 당신이 보시는 것이 생명을 주시는 것입니다. 그것은 당신의 지극히 감미로운 사랑을 끝없이 나누어주시는 것입니다. 그것은 사랑의 나눔을 통해 당신을 더욱 사랑하게 만드는 것입니다. 사랑으로 불타게 함으로 나를 먹이시는 것입니다. 나를 먹이심으로 내 열망에 불을 붙이시는 것입니다. 불을 붙임으로 나로 하여금 기쁨의 이슬을 마시게 해주시는 것입니다. 그 이슬을 마시게 하심으로 내 안에 생명의 샘을 심어주시는 것입니다. 생명의 샘을 심어주심으로써 그 샘이 더 커지고 영원히 지속되게 해주시는 것입니다.

마음의 눈으로 하나님을 보는 것이 믿음이라면, 모든 것을 보시는 하나님의 시선과 마주치기 위해 내면의 시선을 들어 올리는 것이 믿음이라면, 이런 믿음은 지극히 쉬운 일 중 하나이다. 지극히 필수적인 것(믿음)을 쉬운 것으로 만들어 우리 중 가장 연약하고 보잘것없는 사람까지도 행할 수 있도록 하신 것은 우리 하나님다우신 일이다.

누구에게나 열려 있는 길

이제까지 한 이야기에서 몇 가지 당연한 결론을 이끌어내는 것이 가능하다. 우선, 믿음이 복잡한 것이 아니라는 점이다. 보는 것이 믿음이므로 특별한 장치나 번잡한 종교적 절차 없이도 믿음이 가능하다. 하나님은 생사를 결정짓는 절대적으로 필요한 믿음이 언제 일어날지 모르는 사고(事故)에 종속되도록 허락하지 않으셨다.

기계는 고장 나거나 분실될 수 있고, 물은 새서 없어질 수 있고, 기록은 불 타 없어질 수 있고, 목사는 약속시간에 도착하지 못할 수 있고, 교회 건물은 불에 타 무너질 수 있다. 이런 모든 것은 인간의 마음 밖에 있는 것으로서 기계적 고장이나 사고에 취약하다. 하지만 보는 것은 마음의 문제이다. 교회에서 천 킬로미터 떨어진 곳에 있는 사람이 서 있거나 무릎을 꿇고 있거나 심지어 임종을 맞고 있다 할지라도 얼마든지 할 수 있는 것이 '마음으로 보는 것'이다.

이것은 언제라도 할 수 있는 것이다. 인간의 모든 행위 중 가장 아름다운 이 행위를 위해 어떤 때가 다른 때보다 더 유리하다고 말할 수 없다. 하나님은 구원이 초하루(민 10:10)나 거룩한 날이나 안식일에 의해 좌우되도록 하지 않으셨다. 예를 들면 토요일이나 월요일보다 부활주일에 우리가 그리스도에게 더 가까이 있는 것은 아니다. 그리스도께서 중보의 보좌에 앉아 계시는 한, 매일이 선한 날이요 모든 날이 구원의 날이다.

하나님을 믿는 복된 일은 장소의 영향도 받지 않는다. 당신이 풀먼(Pullman: 매우 안락하고 고급스런 설비가 갖춰진 특별 기차-역자 주)의 침대에 있든, 공장이나 주방에 있든, 마음의 눈을 들어 예수님을 바라보면 즉시 성소에 있게 된다. 하나님을 사랑하고 그분께 복종하겠다는 마음만 확고하면 어디에서든 그분을 볼 수 있다.

내가 이렇게 말하니까 혹시 반론을 제기할 사람이 있을지 모르겠다.

"당신의 말은 직업상 많은 시간을 조용한 묵상에 투자할 수 있는 수도사나 목사 같은 특별한 사람에게나 해당되는 이야기 아닙니까? 나처럼 바쁘게 일하는 사람은 홀로 있는 시간을 내기가 무척 어렵습니다."

하지만 하나님의 자녀라면 직업에 관계없이 누구에게나 내가 말한 삶이 가능하다는 이야기를 해줄 수 있는 것이 나로서는 매우 기쁘다. 사실, 열심히 일하는 많은 이들이 내가 말하는 삶을 즐겁게 실천하며 살아가고 있다. 하나님을 바라보는 것은 모든 이에게 가능하다.

많은 이들이 내가 말하는 믿음의 비결을 발견했고, 마음속에서 일어나는 것들에 크게 신경 쓰지 않고 이 습관, 즉 하나님을 마음으로 응시하는 습관을 계속 유지해 나가고 있다. 그들은 자기의 마음 안에 있는 그 무엇이 하나님을 본다고 믿는다. 이 세상의 일들에 신경을 쓰느라고 그분을 향한 의식적(意識的) 주목을 거두어들여야 할 때에도 그들 안에서는 하나님과의 은밀한 교제가 진행된다. 그러다가 눈앞에서 벌어지는 세상의 업무에서 잠시라도 벗어날 수 있는 여유가 주어지면 내면의 시선은 즉시 하나님께 다시 향한다. 이것은 많은 그리스도인이 간증하는 체험이다. 너무나 많은 이들이 간증하기 때문에 나는 지금 이 말을 하면서도 마치 내가 그들의 간증을 인용하면서 말하고 있다고 느껴진다.

그리스도 안에서 이루는 믿음의 연합

내가 이렇게 일상생활 속에서 매 순간 하나님을 바라보는 것을 강조한다고 해서 은혜의 일반적 방편들을 무가치하게 여기는 것은 아니다. 그것들은 분명히 가치가 있다. 모든 그리스도인은 개인기도를 늘 실천해야 한다. 성경을 묵상하면 영적 시선이 깨끗해지고 제대로 방향을 잡게 된다. 교회에 꾸준히 출석하면 시야가 넓어지고 다른 이들을 향한 사랑이 많아질 것이다. 봉사와 사역과 각종 활동은 모두 선한 것이며, 모든 그리스도인이 반드시 해야 할 일이다.

그러나 이런 모든 것들이 의미를 가지려면 하나님을 바라보는 내면적 습관이 그것들의 뿌리에 형성되어야 한다. 영적 눈이 열리면 육신의 눈이 끊임없이 흘러가는 이 세상의 일들을 보고 있는 동안에도 마음은 하나님을 볼 수 있게 된다.

어떤 이는 "그런 식으로 나가면 개인적 신앙을 기형적으로 강조하게 되어 신약성경의 '우리'가 이기적인 '나'로 바뀌는 것 아닌가요?"라고 걱정할지 모르겠다. 그러나 100대의 피아노가 모두 하나의 소리굽쇠를 기준으로 조율된다면 그 100대는 서로 음이 맞게 되어 있다. 100대가 서로에게 맞추는 것이 아니라 하나의 기준을 정해 그것에 따르기 때문에 결국 모두 동일한 음을 내게 된다.

이처럼 100명의 예배자가 모여 각자 그리스도를 바라보면, 서로 하나가 되어야 한다고 생각하여 하나님에게서 눈을 떼어 서로를 바라볼 때보다 오히려 더 가까워진다. 개인의 신앙이 순수해지면 공동체의 신앙도 완전해지는 법이다. 몸의 각 부분이 건강해지면 몸 전체가 더 튼튼해진다. 교회의 구성원들이 더 성숙하고 더 훌륭한 삶을 추구할 때 교회 전체가 성장한다.

이제까지 말한 것이 성공하려면 하나님을 향한 온전한 헌신과 참된 회개가 전제되어야 한다. 이것이 언급할 필요조차 없을 정도로 당연한 말이라는 사실은 하나님께 온전히 헌신한 사람만이 나의 책을 여기까지 읽었을 것이라는 점에서도 확인된다.

내면의 눈이 하나님을 응시하는 습관이 우리 안에 뿌리를 내리면, 하나님의 약속과 신약의 분위기에 더욱 부합하는 새로운 수준의 영적 생활로 발돋움하게 될 것이다. 일상적 일들로 가득한 세속의 길거리를 세상 사람들 속에 섞여 걸어갈 때에도 삼위일체 하나님이 우리의 처소가 되어 주실 것이다. 그리고 우리는 정말로 인생의 최고선(最高善)을 발견하게 될 것이다.

우리가 바랄 수 있는 모든 기쁨의 근원이 있다. 이 근원보다 더 좋은 것은 인간이나 천사의 아이디어에서 나올 수 없을 뿐만 아니라 어떤 존재양식에서도 발견될 수 없다. 이것은 모든 합리적 소원의 절대적 총합(總合)이다. 이것보다 더 위대한 것은 없다.

오, 주여! 눈길을 돌려 당신을 보고 만족을 얻으라는 선한 말씀이 제 귀에 들렸습니다. 제 마음은 그 말씀에 응답하기를 갈망했지만, 희미하게나마 당신을 볼 수 있을 때까지 죄가 제 시야를 가리고 있었습니다. 당신의 보혈로 기꺼이 저를 깨끗하게 해주시고 제 내면을 정결하게 해주십시오. 그리하시면 제가 이 땅의 순례의 모든 날 동안 베일이 걷힌 눈으로 당신을 바라볼 수 있을 것입니다. 그리고 당신이 성도들 안에서 영광을 받고 모든 신자들 안에서 찬양을 받기 위해 나타나시는 날, 저도 온전한 영광 가운데 계신 당신을 보게 될 것입니다. 아멘.

더 깊은 묵상을 위한 질문들

1 "믿음은 하나님의 나라 안에서 내게 무엇이든지 줄 수 있고, 나를 어디든지 데려갈 수 있다. 믿음이 없다면 하나님께 나아갈 수 없으며 죄 사함, 해방, 구원, 교제, 영적 생활이 전혀 불가능하게 된다." 믿음을 세우는 과정을 어디서부터 시작해야 하는가? 이 과정에서 우리에게 도움을 줄 수 있는 것들은 무엇인가?

2 토저는 '인간의 마음이 구원의 하나님을 보는 것이 믿음'이라고 결론 내린다. 이 믿음의 정의에 대해 깊이 묵상하고 다른 이들과 나누어보라. 당신이 분명한 믿음으로 행동했던 경우들에 대해서도 나누어보라.

3 히브리서 12장 2절은 믿음이 한 번에 이루어지는 행위가 아니라 마음으로 삼위일체 하나님을 계속 바라보는 것이라고 가르쳐준다. 우리의 영혼이 하나님을 계속 바라보고 있는지를 판단하는 가장 쉬운 방법은 지난 24시간, 지난 주, 또는 지난 달에 주님과 동행했는지를 깊이 살펴보는 것이다. 만일 그것이 제대로 이루어지지 않았다면 당신의 죄들을 고백하고 버려라. 삶의 모든 부분을 믿음으로 그리스도께 맡겨라. 하나님을 다시 바라보라. 당신보다 성숙한 신자에게서 하나님의 임재를 훈련하는 법을 배우기를 두려워하지 말라.

4 마음의 눈이 하나님을 보는 것, 모든 것을 보시는 하나님의 시선과 마주치기 위해 내면의 시선을 들어 올리는 것이 믿음이라면, 믿음은 언제 어디에서나 할 수 있는 간단한 행위이다. 하나님을 바라보는 내면적 습관이 당신의 하루 속에서 지속되는가? 그렇지 못하다면 그 원인은 무엇인가?

5 하나님을 기쁘게 해드리기 원하는 신자는 자기에게 몰두하지 않고 하나님께 몰두한다. 또한, 믿음으로 행할 수 있는 힘이 자기 안에 없다는 걸 잘 안다(슥 4:6). 인간의 힘으로 하려는 시도는 실패하게 된다. 성경이 가르치는 대로 믿음으로 행하려면 다음과 같은 기도를 통해 새롭게 출발하는 것도 좋은 방법일 것이다.

"주 하나님! 제 마음이 삼위일체 하나님을 끊임없이 바라보기를 원합니다. 그러나 제 죄 때문에, 주변의 깨끗하지 못한 문화 때문에, 그리스도 안의 '존재' 대신 '행위'를 지극히 강조하는 분위기 때문에, 이곳저곳을 왔다갔다 하는 삶의 빠른 속도 때문에 제 눈이 멀어 당신의 위엄을, 당신의 완전한 것들을, 그리고 제 모든 필요를 채워 주시는 당신의 완벽한 충족성을 보지 못하게 되었습니다. 이제 제 눈을 새롭게 열어 주십시오. 그러면 제 모든 날 동안 당신을 볼 것입니다. 제 눈을 밝게 해주십시오. 그러면 오늘부터 믿음으로 행해 장차 그날에 '잘 하였도다 착하고 충성된 종아'라는 말씀을 듣게 될 것입니다. 제가 당신으로 가득 차게 되면, 당신이 미리 준비하신 선한 일들을 믿음으로 행해서 제가 아닌 당신께 영광을 돌리게 될 것입니다. 아멘."

불타는 믿음

초판 1쇄 발행	2017년 6월 12일
지은이	A. W. 토저
옮긴이	이용복
펴낸이	여진구
책임편집	이영주
편집	김아진, 안수경, 최현수
책임디자인	이혜영	마영애, 노지현
기획 · 홍보	김영하
마케팅	김상순, 강성민, 허병용
제작	조영석, 정도봉
해외저작권	기은혜
마케팅지원	최영배, 정나영
경영지원	김혜경, 김경희

이슬비전도학교 최경식
303비전장학회 & 303비전꿈나무장학회 여운학

303비전성경암송학교 박정숙

펴낸곳 규장

주소 06770 서울시 서초구 매헌로 16길 20(양재2동) 규장선교센터
전화 02)578-0003   팩스 02)578-7332
이메일 kyujang0691@gmail.com   홈페이지 www.kyujang.com
트위터 twitter.com/_kyujang   페이스북 facebook.com/kyujangbook
등록일 1978.8.14. 제1-22

ⓒ한국어 판권은 규장에 있습니다.
이 출판물은 저작권법에 의해 보호를 받는 저작물이므로 무단 전재와 무단 복제를 할 수 없습니다.

책값 뒤표지에 있습니다.
ISBN 978-89-6097-500-2 03230

규 | 장 | 수 | 칙

1. 기도로 기획하고 기도로 제작한다.
2. 오직 그리스도의 성품을 사모하는 독자가 원하고 필요로 하는 책만을 출판한다.
3. 한 활자 한 문장에 온 정성을 쏟는다.
4. 성실과 정확을 생명으로 삼고 일한다.
5. 긍정적이며 적극적인 신앙과 신행일에의 안내자의 사명을 다한다.
6. 충고와 조언을 항상 감사로 경청한다.
7. 지상목표는 문서선교에 있다.

하나님을 사랑하는 자 곧 그의 뜻대로 부르심을 입은 자들에게는 모든 것이 合力하여 善을 이루느니라(롬 8:28)

Member of the
Evangelical Christian
Publishers Association